FLEISCH

König Berg

INHALTSVERZEICHNIS

SNACKS, VORSPEISEN & SALATE

Ob für den kleinen Hunger zwischendurch, als feine Vorspeise oder als sättigende Salatbeilage – diese Rezepte machen Lust auf mehr.

WÜRZIG ASIATISCH

Indonesische Saté-Spieße mit Honig-Dip

Würzig mariniertes Fleisch mit einer scharfen Sauce zum Dippen bringt exotische Aromen auf den Teller. Dieser Snack wird Gäste begeistern!

Für die Spieße:
1 Knoblauchzehe
5 EL Öl
Pfeffer
5 EL Ketjap manis (oder eine andere süße Sojasauce)
600 g Hähnchenbrustfilet
Für den Dip:
2 kleine frische Chilischoten
1 Zwiebel
1 Knoblauchzehe
1 EL Öl
125 ml Hühnerbrühe
2 TL Speisestärke
4 EL Sojasauce
3 EL Honig
Außerdem:
ca. 12 Schaschlikspieße aus Holz oder Metall
Koriandergrün zum Bestreuen (nach Belieben)

Für 4 Personen
Zubereitung: 30 Min. | Marinieren: 2 – 3 Std.
Pro Portion ca. 390 kcal, 36 g E, 18 g F, 20 g KH

1 Die Knoblauchzehe schälen und sehr fein hacken. Mit Öl, Pfeffer und Ketjap manis verrühren. Das Hähnchenbrustfilet kalt abwaschen, trocken tupfen und in dünne, schmale Scheibchen schneiden. In der Marinade wenden, nach Belieben einige Minuten oder mehrere Stunden zugedeckt kalt stellen.

2 Für den Dip die Chilischoten halbieren, entkernen, waschen und klein hacken. Zwiebel und Knoblauch schälen und fein würfeln. Das Öl in einem kleinen Topf erhitzen, die Zwiebel und den Knoblauch darin leicht anbraten. Chilis dazugeben und das Ganze mit der Hühnerbrühe ablöschen. Aufkochen lassen.

3 In einer Tasse die Speisestärke mit der Sojasauce glatt rühren. Zur Sauce gießen, dann den Honig einrühren und die Sauce ca. 5 Min. bei schwacher Hitze köcheln lassen.

4 Das Hähnchenfleisch wellenförmig auf die Spieße stecken, dabei die Spieße nur bis zur Hälfte bzw. maximal bis zu zwei Dritteln füllen. Eine große Pfanne erhitzen, die Spieße darin bei mittlerer Hitze rundherum offen 2 – 3 Min. braten. Die Spieße mit dem Honig-Dip servieren. Nach Belieben mit frisch gehacktem Koriandergrün bestreuen.

PASSENDER BEGLEITER

Für gelbe Linsen mit Mango 500 ml Hühnerbrühe aufkochen, 250 g gelbe Linsen (Mung Dal; gibt's im Asienladen) einrühren. Mit 2 TL Garam masala würzen und zugedeckt bei schwacher Hitze unter gelegentlichem Rühren 10 – 15 Min. garen. 1 große Mango schälen, das Fruchtfleisch vom Stein abschneiden und klein würfeln, unter die Linsen mischen und kurz mit erhitzen. Mit Salz und nach Belieben mit Sojasauce abschmecken. Mit gehacktem Koriandergrün bestreuen.

PERFEKT FÜR PARTY UND PICKNICK

Empanadas

90 g Butter | 150 ml lauwarme Milch | 400 g Mehl | 2 Eigelb | Salz | 1 Ei | 1 Zwiebel 1 Knoblauchzehe | 80 g rote Paprikaschote 10 grüne Oliven (ohne Stein) | 30 g luftgetrockneter Schinken (z. B. Serrano) | 1 EL Öl | 200 g gemischtes Hackfleisch | 1 EL getrockneter Oregano | 1 EL Tomatenmark | Cayennepfeffer | edelsüßes Paprikapulver | 2 EL frisch geriebener Parmesan | Mehl für die Arbeitsfläche

Für 10 Stück
Zubereitung: 1 Std. | Backen: 30 Min.
Pro Stück ca. 315 kcal, 10 g E, 15 g F, 30 g KH

1 Butter würfeln, mit Milch, Mehl, 1 Eigelb und 1 TL Salz verkneten. Teig zugedeckt ca. 50 Min. kalt stellen. Inzwischen Ei in ca. 10 Min. hart kochen, abschrecken und pellen. Zwiebel und Knoblauch schälen, fein würfeln. Paprika putzen, waschen und würfeln. Oliven grob hacken. Schinken klein schneiden, im Öl bei starker Hitze anbraten. Hack dazugeben und krümelig braten. Zwiebel, Knoblauch und Oregano mitbraten. Tomatenmark unterrühren. Mit Salz, Cayenne und Paprikapulver würzen. Ei würfeln, mit Paprika, Oliven und Käse unterheben. Abkühlen lassen.

2 Ofen auf 180° vorheizen. Teig in 10 Stücke teilen, jedes Stück auf Mehl rund (ca. 13 cm Ø) ausrollen und mit etwas Hackmasse füllen, Ränder zusammenklappen und andrücken. Übriges Eigelb mit 1 TL Wasser verrühren, Empanadas damit bestreichen. Auf einem mit Backpapier ausgelegten Blech im Ofen (Mitte, Umluft 160°) 25 – 30 Min. backen.

FRUCHTIG, FRISCH UND LEICHT

Avocado-Huhn-Mango-Sandwich

400 g Hähnchenbrustfilet | 1 EL scharfer Senf | 2 EL Zitronensaft | 2 TL Ahornsirup oder flüssiger Honig | 1 TL Chilipulver | Salz | 1 Avocado | 1 Mango | Pfeffer | 1 Kästchen Gartenkresse | 150 g saure Sahne | 1 EL Olivenöl | 1 EL Butter | 8 Scheiben Sandwichbrot (ersatzweise 4 flache, breite Brötchen, z. B. Ciabatta-Brötchen)

Für 4 Personen
Zubereitung: 30 Minuten
Pro Portion ca. 540 kcal, 29 g E, 34 g F, 30 g KH

1 Das Hähnchenbrustfilet längs in knapp 1 cm dicke Scheiben schneiden. Senf mit 1 ½ EL Zitronensaft, Ahornsirup oder Honig, Chilipulver und Salz verrühren und die Hähnchenscheiben damit einstreichen.

2 Die Avocado rundherum bis zum Kern einschneiden. Die Hälften gegeneinander drehen und auseinanderlösen. Den Kern herausheben, die Hälften schälen und in dünne Scheiben schneiden. Die Mango schälen und das Fruchtfleisch in dünnen Scheiben vom Stein schneiden. Avocado und Mango mit dem übrigen Zitronensaft beträufeln und leicht salzen und pfeffern.

3 Die Kresse vom Beet schneiden und mit der sauren Sahne verrühren, mit Salz und Pfeffer abschmecken.

4 Öl und Butter in einer Pfanne erhitzen, bis die Butter aufschäumt. Hitze kleiner stellen (etwa zwischen schwacher und mittlerer Hitze). Die Hähnchenscheiben einlegen, ca. 2 Minuten braten, dann umdrehen und noch mal so lange braten.

5 Die Hälfte der Brotscheiben mit der Kressesahne bestreichen. Die Hälfte der Avocado- und Mangoscheiben darauflegen. Darauf kommt jetzt das Hähnchenfilet und darauf dann die übrigen Mango- und Avocadoscheiben. Restliche Brotscheiben auflegen, leicht andrücken und die Sandwiches gleich servieren (gut: mit der Serviette in die Hand nehmen).

BRAUCHT ETWAS ZEIT

Frische Frühlingsrollen

Diese vietnamesischen Glücksrollen sind wunderbar leicht und knackig, weil sie nicht frittiert werden. Perfekt als Vorspeise, Snack oder exotisches Fingerfood!

50 g Glasnudeln
10 g frischer Ingwer
1 Knoblauchzehe
300 g Möhren
1 rote Paprikaschote (ca. 250 g)
1 Bund Frühlingszwiebeln
350 g Schweinehackfleisch
4 EL Sojasauce
2 EL Öl
80 g geröstete gesalzene Erdnüsse
Salz
Pfeffer
6 Blätter Chinakohl
5 Stängel Koriander
16 Reispapierblätter (ca. 22 cm Ø; Asialaden)
200 ml süß-scharfe Asiasauce (Asialaden)
Öl für die Platte

Für 4 Personen
Zubereitung: 1 Std. 10 Min.
Pro Portion ca. 660 kcal, 25 g E, 35 g F, 60 g KH

1 Die Glasnudeln nach Packungsanweisung in lauwarmem Wasser einweichen, abtropfen lassen und mit einer Schere in ca. 5 cm lange Stücke schneiden. Inzwischen Ingwer und Knoblauch schälen und in feine Würfel schneiden.

2 Möhren schälen und in feine Streifen schneiden. Paprika halbieren, weiße Trennwände und Kerne entfernen, die Hälften waschen und in feine Streifen schneiden. Frühlingszwiebeln putzen, waschen und in dünne Ringe schneiden.

3 Hack mit Knoblauch und 1 EL Sojasauce verkneten. 1 EL Öl in einer großen beschichteten Pfanne erhitzen. Hack darin bei starker Hitze unter Rühren krümelig braten. Glasnudeln und Ingwer kurz mitbraten, alles herausnehmen. Restliches Öl im Bratfett erhitzen. Möhren, Paprika und Frühlingszwiebeln darin kurz bei mittlerer Hitze andünsten. Hackmischung und Erdnüsse unterheben. Mit Salz, Pfeffer und übriger Sojasauce würzen und abkühlen lassen.

4 Inzwischen Chinakohl waschen und trocken tupfen, Strunk entfernen, Blätter zerzupfen. Koriander waschen, trocken schütteln und die Blätter abzupfen. Eine große Schüssel mit lauwarmem Wasser bereitstellen. Je 1 Reispapierblatt ganz kurz im Wasser einweichen und auf ein angefeuchtetes Küchenpapier oder Küchentuch legen.

5 Weiche Reispapierblätter im unteren Drittel mit je 1 Stück Chinakohl und etwas Koriander belegen. Je etwas Hackmischung länglich darauflegen. Erst die Seiten des Reispapierblatts über die Füllung klappen, dann das Blatt von unten aufrollen und auf eine leicht geölte Platte legen. Bis zum Servieren mit Frischhaltefolie abdecken. Die Asiasauce zum Dippen dazu reichen.

AUSTAUSCH-TIPP

Die Frühlingsrollen lassen sich auch mit anderen Gemüsesorten füllen, z. B. mit Champignons, Zucchini oder Zuckerschoten. Das Hack kann durch gebratene Hähnchenstücke oder Garnelen ersetzt werden.

LECKER VOM GRILL

Scharfe Hackfleischspieße

je ½ Bund Koriandergrün und Petersilie
2 Knoblauchzehen
1 EL Kreuzkümmelsamen
3 – 4 getrocknete Chilischoten
800 g gemischtes Hackfleisch
200 g Quark (20 %)
60 g Semmelbrösel
3 Eier (M)
Salz
Pfeffer
3 – 4 EL Olivenöl

Für 6 Stück
Zubereitung: 40 Min. | Kühlen: 1 – 2 Std. | Grillen: 10 – 15 Min.
Pro Portion ca. 780 kcal, 54 g E, 56 g F, 15 g KH

1 Die Kräuter waschen und trocken schütteln, Blättchen von den Stängeln zupfen und fein hacken. Den Knoblauch schälen und fein würfeln. Kreuzkümmel und Chilischoten samt der Samen mit dem Messer fein hacken oder im Mörser nicht allzu fein zerstoßen.

2 Alle vorbereiteten Zutaten mit Hackfleisch, Quark, Semmelbröseln und Eiern vermengen. Die Hackfleischmasse kräftig mit Salz und Pfeffer würzen. Zugedeckt ca. 1 Std. in den Kühlschrank stellen. Dann die Hände mit Wasser anfeuchten (es geht auch Olivenöl) und aus der Hackmasse 6 Würste formen. Die Würste längs auf lange Metall- oder Holzspieße stecken, dabei die Masse gut an den Spießen festdrücken. Am besten erneut für ca. 1 Std. kühl stellen.

3 Den Gas- oder Holzkohlengrill gut anheizen. Die Hackfleischspieße leicht mit Olivenöl bepinseln, dann auf dem Grillrost mit ca. 15 cm Abstand zur Hitzequelle rundherum 10 – 15 Min. grillen.

SNACK AUS ITALIEN

Grissini-Schnitzel-Sticks

1 Romanasalat
500 g Schweinenuss am Stück
Salz
Pfeffer
edelsüßes Paprikapulver
18 dicke Grissini (s. Einkaufstipp)
18 dünne Scheiben Parmaschinken
2 EL Pflanzenöl
Außerdem:
Holz- oder Metallspießchen

Für 4 Personen
Zubereitung: ca. 20 Min.
Pro Portion ca. 445 kcal, 50 g E, 17 g F, 23 g KH

1 Den Romanasalat waschen und putzen, in einzelne Blätter zerlegen. Mit Küchenpapier sehr gut trocken tupfen. Die Blätter längs halbieren, dabei die harten Mittelrippen herausschneiden, damit sich die Blätter gut aufrollen lassen.

2 Das Fleisch nach Belieben kalt abwaschen und trocken tupfen. In ganz dünne Scheiben (ca. ½ cm dick) schneiden. Auf einem Brett flach drücken oder mit dem Handballen noch etwas flach klopfen, mit Salz, Pfeffer und Paprikapulver würzen.

3 Die Grissini erst mit den Schinkenscheiben und dann mit den Salatblättern umwickeln. Zuletzt je eine Fleischscheibe so darumwickeln, dass höchstens zwei Lagen Fleisch übereinanderliegen. Die Ränder mit den Spießchen feststecken.

4 Das Öl in einer breiten Pfanne erhitzen, die Spieße darin rundherum bei starker Hitze 1 ½ – 2 Min. braten. Sofort servieren, damit die Grissini nicht aufweichen.

EINKAUFSTIPP

Kaufen Sie möglichst nicht die gewöhnlichen dünnen Grissini im Supermarkt. Für dieses Rezept eignen sich dickere Grissini, die Sie in italienischen Feinkostgeschäften bekommen. Auch sogenannte Bierstangen können Sie verwenden.

LÄSST SICH SUPER VORBEREITEN

Schwedische Fleischbällchen mit Preiselbeerdip

Die traditionellen Hackfleischbällchen namens „Köttbullar" sind durch ein schwedisches Möbelhaus bekannt geworden und international sehr beliebt.

Für die Bällchen:
2 mehligkochende Kartoffeln (ca. 200 g)
Salz
3 EL Semmelbrösel
6 EL Sahne
1 Zwiebel
500 g gemischtes Hackfleisch
Pfeffer
⅓ TL edelsüßes Paprikapulver
2 – 3 Msp. gemahlenes Piment
1 Ei (M)
Öl zum Braten
Für den Dip:
30 g Walnusskerne
1 großer Apfel (z. B. Boskop)
1 EL frisch gepresster Zitronensaft
200 g Schmand
2 EL Sahne
150 g Preiselbeeren (aus dem Glas)
½ TL scharfer Senf
Salz
Pfeffer

Für 4 – 6 Personen
Zubereitung: 40 Min. | Kühlen: 1 Std. 30 Min.
Pro Portion ca. 495 kcal, 21 g E, 35 g F, 23 g KH

1 Für die Bällchen die Kartoffeln in ausreichend Wasser zum Kochen bringen, salzen und zugedeckt bei mittlerer Hitze 20 – 25 Min. garen. Abgießen, gut ausdampfen und leicht abkühlen lassen, dann pellen. Die Kartoffeln in ca. 30 Min. vollständig auskühlen lassen.

2 Die Semmelbrösel und die Sahne in einer Schüssel verrühren. Zwiebel schälen und fein würfeln. 1 – 2 EL Öl in einer kleinen Pfanne erhitzen, darin die Zwiebel goldgelb anbraten. Mit dem Hackfleisch in die Schüssel zu den Sahnebröseln geben. Kartoffeln durch eine Kartoffelpresse dazudrücken, mit Salz, Pfeffer, Paprika und Piment würzen. Das Ei dazugeben und alles gründlich mit den Händen zu einem glatten Fleischteig vermengen. Aus dem Teig ca. 24 kleine Hackbällchen formen, auf einen Teller legen, mit Klarsichtfolie abdecken und ca. 1 Std. in den Kühlschrank stellen.

3 Für den Dip die Walnüsse grob hacken. Den Apfel waschen, vierteln, entkernen und die Viertel auf einer Rohkostreibe grob raspeln, sofort mit dem Zitronensaft mischen. Den Schmand mit der Sahne glatt verrühren. Preiselbeeren, Apfel und Walnüsse unterheben. Den Dip mit Senf, Salz und Pfeffer abschmecken.

4 So viel Öl in einer großen beschichteten Pfanne erhitzen, dass der Boden ganz knapp bedeckt ist. Darin die Fleischbällchen (eventuell portionsweise nacheinander) ca. 2 Min. rundherum bei großer Hitze braten, dabei immer wieder mal an der Pfanne rütteln, damit die Bällchen auf alle Seiten rollen können und rundum bräunen. Dann bei mittlerer Hitze 6 – 8 Min. weiterbraten, bis die Bällchen durchgebraten sind.

5 Fleischbällchen aus der Pfanne heben und auf Küchenpapier kurz abtropfen lassen. Die Bällchen in eine Schüssel geben und lauwarm abkühlen oder ganz auskühlen lassen. Mit dem Preiselbeerdip servieren.

RASANT PIKANT

Chili-Hackbällchen mit Paprika-Kokos-Dip

Der ideale Snack fürs Picknick sind diese pikanten Hackbällchen, die mit dem exotischen Dip für eine echte Geschmacksexplosion sorgen.

500 g Hackfleisch (vom Schwein oder gemischt)
1 Brötchen vom Vortag
2 grüne Chilischoten
2 EL getrocknete Zwiebeln
2 EL Paprikapulver, edelsüß
½ TL Cayennepfeffer
2 Eier (S)
Salz
Pfeffer
2 – 3 EL gemahlene Mandeln
3 EL Öl
2 gelbe Paprikaschoten (ca. 350 g)
1 große Zwiebel
2 TL Kreuzkümmel
2 EL heller Rum (ersatzweise Apfelsaft)
300 ml Kokosmilch
2 EL Limettensaft
1 TL Tabascosauce
Außerdem:
Holzspieße oder Zahnstocher

Für 4 Personen:
Zubereitungszeit: 50 Min.
Pro Portion: ca. 710 kcal, 35 g E, 53 g F, 20 g KH

1 Das Hackfleisch in eine Schüssel geben. Das Brötchen kurz in kaltem Wasser einweichen, fest ausdrücken, zerpflücken und zum Hackfleisch geben. Die Chilis waschen, putzen und entkernen, winzig klein würfeln. Mit den getrockneten Zwiebeln, Paprika, Cayennepfeffer, Eiern, Salz und Pfeffer zum Hack geben. Gründlich mischen, dabei so viel gemahlene Mandeln zugeben, dass die Fleischmasse gut formbar ist. Etwa 24 gut golfballgroße Kugeln daraus formen, diese etwas flach drücken.

2 Eine große Pfanne erhitzen, darin 2 EL Öl heiß werden lassen. Die Hackbällchen darin erst bei mittlerer, dann bei schwacher Hitze in insgesamt ca. 12 Min. braun und knusprig braten, dabei ab und zu wenden. Auf Küchenpapier abtropfen und abkühlen lassen.

3 Für den Dip die Paprikaschoten waschen, putzen und klein würfeln. Die Zwiebel schälen und fein hacken. 1 EL Öl erhitzen und die Zwiebelwürfel bei mittlerer Hitze in ca. 3 Min. hell andünsten. Die Paprikawürfel und den Kreuzkümmel zugeben und alles offen bei schwacher bis mittlerer Hitze in gut 15 Min. weich dünsten. Den Rum angießen und fast einkochen lassen. Die Kokosmilch zugeben und einmal aufkochen lassen. Mit dem Pürierstab oder im Mixer glatt pürieren. Noch einmal aufkochen und mit Limettensaft, Salz, Pfeffer und Tabasco pikant abschmecken. Abkühlen lassen.

4 Die Hackbällchen in einer flachen Plastikdose, den Dip am besten in kleine Schraubdeckelgläser verpacken und in der Kühltasche transportieren. Zum Servieren die Hackbällchen am besten auf Spieße oder Zahnstocher stecken, aus der Hand essen.

TOLL ERFRISCHEND

Schnitzel-Sticks mit Gurkendip

4 Schweineschnitzel (à 150 g)
Salz
Pfeffer
2 Eier (Größe M)
ca. 100 g Semmelbrösel
5 EL Öl
1 Salatgurke (ca. 500 g)
150 g Crème fraîche
2 frische rote Chilischoten
2 TL mittelscharfer Senf
2 EL Weißweinessig

Für 4 Personen:
Zubereitungszeit: ca. 35 Min.
Pro Portion: ca. 550 kcal, 41 g E, 35 g F, 18 g KH

1 Die Schnitzel mit Küchenpapier trockentupfen, auf beiden Seiten leicht salzen und pfeffern und in gut daumenbreite Streifen schneiden. Die Eier in einem Teller mit ein paar Tropfen Wasser verquirlen, die Semmelbrösel in einen zweiten Teller streuen. Eine Pfanne erhitzen, darin das Öl auf mittlerer bis schwacher Stufe heiß werden lassen. Die Schnitzelstreifen erst in Ei, dann in den Bröseln wenden, die Panade gut andrücken und die Sticks in ca. 10 Min. rundum goldgelb und knusprig braten. Auf Küchenpapier abtropfen und auf einem Kuchengitter abkühlen lassen.

2 Für den Gurkendip die Gurke schälen, längs halbieren und die Kerne auskratzen. Die Gurke in Stücke schneiden und mit der Crème fraîche im Mixer glatt pürieren. Die Chilis waschen, putzen und ohne Kerne in Stücke schneiden, mit Senf und Essig zum Gurkenpüree geben und noch einmal kurz mixen. Den Gurkendip mit Salz und Pfeffer würzen und auf Portionsgläschen mit Schraubdeckel verteilen. Die Schnitzel-Sticks in eine Dose verpacken und alles in der Kühltasche mitnehmen.

CREMIG UND AROMATISCH

Kastaniensuppe mit Wildspießchen

1 Zwiebel
1 EL Butter
400 g geschälte Esskastanien (Maronen, vakuumverpackt)
2 Gläser Wildfond (à 400 ml, ersatzweise Fleischbrühe)
350 g zartes Wildfleisch zum Kurzbraten (z. B. Hirsch- oder Rehfilet, ersatzweise Rinderfilet)
½ Bund Petersilie
100 g Schmand
Salz | Pfeffer
1 EL Öl
Außerdem:
8 Holzspieße

Für 4 Personen
Zubereitung: 25 Min.
Pro Portion ca. 510 kcal, 33 g E, 22 g F, 38 g KH

1 Zwiebel schälen und fein würfeln. In einem Topf Butter zerlassen und Zwiebelwürfel andünsten. Esskastanien grob hacken und hinzufügen. Fond dazugießen, aufkochen und alles zugedeckt bei schwacher Hitze ca. 10 Min. sanft köcheln lassen.

2 Das Wildfleisch in lange, schmale Streifen schneiden und sehr locker auf die Spieße stecken. Die Petersilie waschen und trocken schütteln, die Blättchen abzupfen und grob hacken.

3 Suppe mit einem Pürierstab oder im Mixer glatt pürieren. Wieder aufkochen, Schmand einrühren und Suppe mit Salz und Pfeffer abschmecken.

4 Öl in einer Pfanne erhitzen und Spieße darin rundherum 1 – 2 Min. braten, dabei mit Salz und Pfeffer würzen. Zum Servieren je zwei Spießchen auf die Suppe geben und Petersilie darüberstreuen.

UND BEIM NÄCHSTEN MAL …

Wer auf Fleisch verzichten möchte, ersetzt den Wildfond durch Gemüsebrühe und serviert die Suppe nicht mit Wildspießchen, sondern mit knusprigen Pilzen. Dafür 200 g Champignons oder Pfifferlinge putzen, trocken abreiben, klein schneiden und in etwas zerlassener Butter bei starker Hitze 2 – 3 Min. braten. Mit Salz und Pfeffer würzen und auf die Suppe geben.

RUSTIKALER SATTMACHER

Bohnensuppe mit Dinkel und Pancetta

Hier wird das Beste aus Bohnen, Speck und Getreide herausgeholt. Diese rustikale Suppe macht vor allem an Wintertagen einiges her.

250 g getrocknete Bohnen
50 g Dinkelkörner
1,75 l Rinder- oder Gemüsebrühe
Salz
80 g Pancetta (ital. Bauchspeck; ersatzweise Räucherspeck)
1 Bund Frühlingszwiebeln
3 Knoblauchzehen
1 Chilischote
4 Zweige Rosmarin
6 Zweige Salbei
3 EL Olivenöl
Pfeffer
100 g Parmesan (am Stück)

Für 4 Personen
Zubereitung: 25 Min. | Einweichen: 24 Std. | Garen: 4 Std.
Pro Portion ca. 480 kcal, 28 g E, 22 g F, 39 g KH

1 Am Vortag Bohnen und Dinkelkörner jeweils in eine Schüssel geben, mit kaltem Wasser bedecken und mindestens 24 Std. einweichen.

2 Am nächsten Tag die Bohnen und den Dinkel jeweils in ein Sieb abgießen. Die Bohnen mit der Brühe in einen Topf geben und bei sehr kleiner Hitze in 3 – 4 Std. weich kochen, dabei gelegentlich den Schaum entfernen. Die Bohnensuppe mit dem Stabmixer fein pürieren. Während die Bohnen kochen, die Dinkelkörner in einen Topf geben, mit Salzwasser bedecken und in ca. 1 Std. weich garen. Dann abgießen und beiseitestellen.

3 Die Pancetta in Streifen schneiden. Die Frühlingszwiebeln putzen, waschen und in Ringe schneiden. Den Knoblauch schälen. Die Chilischote putzen, nach Belieben entkernen und waschen. Die Kräuter waschen und trocken schütteln, die Nadeln bzw. Blätter abzupfen. Knoblauch, Chili, Rosmarin und Salbei fein hacken.

4 In einem Topf 2 EL Olivenöl erhitzen und die Pancettastreifen darin bei mittlerer Hitze hellbraun und knusprig braten. Herausheben und auf Küchenpapier abtropfen lassen. Die Frühlingszwiebeln mit Knoblauch, Chili, Rosmarin und Salbei im Pancettaöl in ca. 5 Min. weich dünsten, dabei gelegentlich umrühren. Die pürierte Bohnensuppe angießen und aufkochen lassen. Die Dinkelkörner unterrühren und die Suppe mit Salz und Pfeffer würzen. Die Bohnensuppe auf tiefe Teller verteilen und den Parmesan mit dem Sparschäler in Spänen darüberhobeln. Die Suppe mit der Pancetta bestreuen und mit dem restlichen Olivenöl beträufeln.

BOHNEN NACH WAHL

Dieses Rezept stammt aus Elba. Traditionell kocht man die Suppe dort mit den rötlich marmorierten Borlotti- oder Wachtelbohnen. Sie können aber auch jede andere Bohnensorte verwenden, z. B. dicke weiße Bohnen, Cannellini-Bohnen oder Käferbohnen. Achten Sie jedoch auf die Garzeit, sie ist je nach Sorte ziemlich unterschiedlich.

IDEAL IM SOMMER

Kalte Tomatensuppe mit Hackbällchen-Sticks

Serviert in kleinen Schnapsgläsern ist diese Suppe ein echter Hingucker und vor allem als leckeres Fingerfood auf jeder Party der Renner.

Für die Suppe:
1 EL Korianderkörner
1 EL Langpfeffer oder Stielpfeffer (aus dem Asien- oder Bioladen, ersatzweise herkömmliche schwarze Pfefferkörner)
1 EL Zucker
100 ml frisch gepresster Orangensaft
100 ml Olivenöl
1 kg Tomaten
1 EL Currypulver oder Garam Masala
Salz
1 Bund Koriandergrün
Für die Hackbällchen:
1 Bio-Zitrone
250 g Schweinehackfleisch
Salz
Pfeffer
2 EL Olivenöl
4 EL Sojasauce
Außerdem:
8 kleine Holzspießchen

Für 4 Personen
Zubereitung: 35 Min.
Pro Portion ca. 515 kcal, 15 g E, 43 g F, 14 g KH

1 Für die Suppe Korianderkörner und Pfeffer in einem Mörser oder einem elektrischen Blitzhacker grob mahlen. In einem kleinen Topf den Zucker mit 1 EL Wasser erhitzen, bis der Zucker goldbraun karamellisiert ist. Pfeffer dazugeben und unter Rühren in ca. 30 Sek. karamellisieren lassen. Mit dem Orangensaft ablöschen und bei starker Hitze auf 2 EL einkochen. Topf vom Herd nehmen, die Mischung mit dem Öl verrühren, ca. 10 Min. ziehen lassen.

2 Die Tomaten waschen und grob zerkleinern, dabei die Stielansätze entfernen. Tomaten mit Currypulver oder Garam Masala in eine hohe Rührschüssel geben und mit einem Stabmixer fein pürieren, dann durch ein Sieb streichen. Das Pfefferöl ebenfalls durch ein Sieb zum Tomatenpüree gießen, verrühren und mit Salz abschmecken. Suppe bis zum Servieren in den Kühlschrank stellen. Koriandergrün abbrausen und trocken schütteln, die Blättchen abzupfen und grob hacken.

3 Für die Hackbällchen die Zitrone heiß waschen und abtrocknen, die Schale fein abreiben. Hackfleisch mit Zitronenschale, wenig Salz und reichlich Pfeffer würzen und kurz durchmengen. Mit feuchten Händen 12 kleine Bällchen aus der Masse formen.

4 In einer beschichteten Pfanne das Öl erhitzen. Darin die Hackbällchen bei mittlerer Hitze in 5–6 Min. rundum knusprig braun braten (auch fein: die Bällchen grillen). Zum Schluss die Bällchen ab und zu mit etwas Sojasauce bepinseln. Je 2 Bällchen auf einen Holzspieß stecken. Die Suppe in Tassen verteilen und mit Koriandergrün bestreuen, Spießchen dazulegen.

FARBTUPFER BEI EINEM MENÜ

Als Aperitif oder kleinen Zwischengang die Suppe ganz einfach in Shot- oder Longdrinkgläsern servieren. Die Hackbällchen weglassen.

CREMIGE WOHLFÜHL-SUPPE

Hühnercremesuppe mit Pilzen und Estragon

Die gehaltvolle Hühnercremesuppe mit den aromatischen Pilzen und Kräutern macht einfach satt und glücklich. Echtes Soul-Food eben!

1 ganzes Hähnchen (ca. 1 ½ kg; küchenfertig)
3 Zwiebeln
Salz
2 Knoblauchzehen
1 kleine Petersilienwurzel
250 g vorwiegend festkochende Kartoffeln
2 Stangen Staudensellerie
250 g Pilze (z. B. Champignons oder Austernpilze)
3 EL Butter
Pfeffer
100 ml Weißwein
250 g Sahne
1 Bund Estragon
Estragonessig zum Abschmecken (nach Belieben)

Für 4 Personen
Zubereitung: 40 Min. | Garen: 1 Std. 10 Min.
Pro Portion ca. 765 kcal, 66 g E, 47 g F, 15 g KH

1 Das Hähnchen innen und außen waschen und trocken tupfen. Die Keulen mit einem scharfen Messer im Gelenk vom Körper trennen. Die Brustfilets mit langen Schnitten dicht am Knochen vom Brustbein lösen. Das Fleisch von den Keulen schneiden und mit den Brustfilets in 2 cm große Würfel schneiden. Das Fleisch auf einen Teller geben und in den Kühlschrank stellen. 1 ungeschälte Zwiebel halbieren und mit den Hähnchenknochen, etwas Salz und 1,2 l kaltem Wasser in einem Topf aufkochen lassen. Die Brühe bei kleiner Hitze etwa 45 Min. köcheln lassen, dabei gelegentlich den Schaum entfernen.

2 Die restlichen Zwiebeln und den Knoblauch schälen. Die Petersilienwurzel und die Kartoffeln schälen. Den Sellerie putzen und waschen. Die Pilze trocken abreiben und putzen. Die vorbereiteten Zutaten in kleine Würfel schneiden.

3 Die Butter in einem Topf zerlassen und das Hähnchenfleisch darin bei mittlerer Hitze in 10 Min. rundherum goldbraun braten, mit Salz und Pfeffer würzen. Die Gemüsewürfel dazugeben und mitbraten, bis sie ganz leicht Farbe bekommen haben. Mit dem Wein ablöschen und die Flüssigkeit vollständig einkochen lassen. Die Hähnchenbrühe durch ein Sieb gießen und mit der Sahne zum Gemüse geben. Die Cremesuppe etwa 25 Min. köcheln lassen.

4 Den Estragon waschen und trocken schütteln, die Blätter abzupfen, grob schneiden und unter die Suppe rühren. Die Hühnercreme mit Salz, Pfeffer und nach Belieben mit 1 Spritzer Estragonessig abschmecken und auf tiefe Teller verteilen.

KULT-SALAT AUS DEN USA

Caesar Salad mit Knusperschnitzel

Der international bekannte und beliebte Salat überzeugt mit einem herrlich cremigen Dressing und wunderbar knusprigen Schweineschnitzelchen.

Für die Knusperschnitzel:
400 g Schweinefleisch zum Kurzbraten
2 EL Mehl
Salz
Pfeffer
rosenscharfes Paprikapulver
1 Ei
3 EL Milch
50 g Cashewnüsse
100 g kernige Haferflocken
Für den Salat:
2 sehr frische Eier
1 – 2 TL mittelscharfer Senf
Salz
Pfeffer
2 – 3 EL Zitronensaft
100 ml Olivenöl
2 Romanasalate
4 Tomaten
Außerdem:
500 ml neutrales Pflanzenöl zum Braten

Für 4 Personen
Zubereitung: 55 Min.
Pro Portion ca. 675 kcal, 36 g E, 47 g F, 28 g KH

1 Das Schweinefleisch nach Belieben kalt abbrausen und gut trocken tupfen. In mundgerechte, eher flache Stücke schneiden.

2 Auf einem tiefen Teller das Mehl mit Salz, Pfeffer und dem Paprikapulver mischen. Auf einem zweiten (tiefen) Teller das Ei mit der Milch verquirlen. Die Cashewnüsse fein hacken und auf einem dritten Teller mit den Haferflocken mischen.

3 Die Fleischstücke zuerst im gewürzten Mehl, dann im verquirlten Ei und zuletzt in der Cashew-Haferflocken-Mischung wenden. Die Panade gut andrücken und die Fleischstücke beiseitestellen.

4 Für den Salat die Eier anstechen und ca. 2 Min. in kochendes Wasser legen. Herausnehmen und kalt abschrecken. Über einer Salatschüssel aufschlagen, das gestockte Eiweiß und das Eigelb mit einem Löffel aus der Schale lösen. Den Senf, Salz, Pfeffer und 2 EL Zitronensaft dazugeben, dann nach und nach das Olivenöl mit einem Schneebesen kräftig unterschlagen.

5 Die Romanasalate vom Strunk befreien und die Blätter voneinander lösen. Kalt waschen und gut trocken schleudern, quer in Streifen schneiden und im Salatdressing wenden. Die Tomaten waschen und ohne die Stielansätze in Spalten schneiden, ebenfalls dazugeben. Den Salat mit Salz und Pfeffer abschmecken.

6 Reichlich Öl etwa 2 – 3 cm hoch in einer tiefen Pfanne oder im Wok nicht zu stark erhitzen. Die panierten Fleischstücke darin – falls nötig portionsweise – rundherum in 4 – 6 Min. goldbraun braten. Erst wenden, wenn die Unterseite goldbraun ist. Fertige Knusperschnitzel zugedeckt warm halten. Knusperschnitzel auf dem Salat anrichten.

WINTERLICH GEWÜRZT

Rotkohl-Mango-Salat mit Entenbrust

100 ml Apfelsaft
3 Nelken
3 Wacholderbeeren
1 Zimtstange
½ Rotkohl (ca. 600 g)
Salz
Pfeffer
1 TL scharfer Senf
2 EL Rotweinessig
3 EL Sonnenblumenöl
1 vollreife Mango
1 geräucherte Entenbrust (ca. 300 g)

Für 4 – 6 Personen
Zubereitung: 30 Min. | Marinieren: 3 Std.
Pro Portion ca. 185 kcal, 10 g E, 11 g F, 9 g KH

1 Den Apfelsaft mit den Gewürzen in einen kleinen Topf geben (vorher die Wacholderbeeren leicht anquetschen), aufkochen und zugedeckt bei kleiner Hitze ca. 8 Min. köcheln lassen. Lauwarm abkühlen lassen.

2 Inzwischen die Rotkohlhälfte längs halbieren und unschöne äußere Blätter entfernen, den Strunk keilförmig herausschneiden. Den Rotkohl quer in schmale Streifen schneiden oder hobeln. Den Kohl mit ½ TL Salz in einer Schüssel mischen und mit beiden Händen gut 1 Min. durchkneten, damit die Kohlstreifen weich werden.

3 Lauwarmen Apfelsaft durch ein feines Sieb gießen und auffangen. Mit wenig Salz und Pfeffer würzen, Senf, Essig und Öl unterrühren und alles mit dem Kraut mischen. Den Salat 2 – 3 Std. marinieren lassen.

4 Vor dem Servieren die Mango schälen, Fruchtfleisch längs vom Kern schneiden und klein würfeln. Die Entenbrust quer in dünne Scheiben schneiden. Mango und Entenbrust unter den Salat heben, servieren.

SCHÖN KNACKIG MIT PAPRIKA & GURKE

Asiatischer Rindfleischsalat

1 EL Sesamsamen
2 Rumpsteaks (à ca. 200 g)
3 EL Sonnenblumenöl
Salz
Pfeffer
1 gelbe Paprikaschote
1 kleine Papaya
1 Mini-Salatgurke
1 Schalotte
1 Mini-Römersalat
2 EL Essig (z. B. Rotweinessig)
1 EL Sojasauce
2 EL Orangensaft
je 3–4 Stiele Koriander und glatte Petersilie

Für 2 Personen
Zubereitung: 30 Min.
Pro Portion ca. 540 kcal, 49 g E, 27 g F, 10 g KH

1 Sesam in einer Pfanne ohne Fett goldbraun rösten. Herausnehmen und auskühlen lassen.

2 Den eventuell vorhandenen Fettrand der Rumpsteaks mehrmals einschneiden. 1 EL Öl in der Pfanne erhitzen. Steaks mit Salz und Pfeffer würzen und bei starker Hitze von jeder Seite 2–3 Min. anbraten. Aus der Pfanne nehmen und abkühlen lassen.

3 Paprika putzen, waschen und in kleine Würfel schneiden. Papaya schälen, halbieren und entkernen. Fruchtfleisch in Spalten schneiden. Gurke schälen und würfeln. Schalotte schälen und in sehr feine Ringe schneiden. Salat putzen, waschen, trocken schleudern und in Stücke zupfen.

4 Essig, Sojasauce, Orangensaft und restliches Öl verrühren. Mit Salz und Pfeffer würzen. Kräuter waschen, trocken tupfen, Blättchen abzupfen und hacken. Fleisch in Streifen schneiden und mit der Vinaigrette vermengen, kurz ziehen lassen. Restliche vorbereitete Zutaten unterheben. Mit Sesam bestreuen.

MIT VIEL ASIATISCHEM GEMÜSE

Glasnudelsalat mit Sesam-Beef

Ein herrlich frisches Ingwer-Dressing veredelt diesen exotischen Salat, der mit knackigem Gemüse, feinem Sesam und zartem Rindersteak punktet.

Salz
200 g Glasnudeln
400 g Rindersteak
4 EL Öl
Pfeffer
4 EL helle Sesamsamen
1 Stück Ingwer (ca. 30 g)
3 EL Zitronensaft
¼–½ TL Chiliflocken
100 ml Hühnerbrühe
350 g Chinakohl, Pak Choi oder Romanasalat

Für 4 Personen
Zubereitung: 20 Min.
Pro Portion ca. 460 kcal, 24 g E, 19 g F, 45 g KH

1 Etwa 2 l Wasser zum Kochen bringen und salzen. Die Glasnudeln darin 2–3 Min. kochen, in ein Sieb abgießen, kalt abbrausen und gut abtropfen lassen. Lange Glasnudeln nach Belieben mit einer Schere in Stücke schneiden.

2 Das Rindersteak in schmale Streifen schneiden. In einer Pfanne 1 EL Öl erhitzen und das Fleisch darin rundherum ca. 1 Min. braten. Mit Salz und Pfeffer würzen. Die Sesamsamen dazugeben, unterrühren und mit anrösten.

3 Den Ingwer schälen und sehr fein reiben. In einer Salatschüssel mit dem Zitronensaft, dem restlichen Öl, den Chiliflocken und der Brühe verrühren. Mit Salz abschmecken.

4 Den Chinakohl, Pak Choi oder Romanasalat waschen, putzen, trocken schleudern und in feine Streifen schneiden. Mit den Glasnudeln und dem Rindfleisch in die Salatschüssel geben und mit dem Dressing mischen. Alles noch einmal abschmecken und servieren.

UND BEIM NÄCHSTEN MAL …

Der Salat lässt sich ganz leicht abwandeln und kommt so immer wieder anders auf den Tisch: Statt Rindfleisch können Sie Hähnchen- oder Putenbrustfilet verwenden. Wenn Sie Fisch bevorzugen, nehmen Sie mittelgroße geschälte Garnelen oder festfleischigen Fisch, etwa Thunfisch. Und wenn Sie auf Fleisch und Fisch verzichten möchten, braten Sie in Streifen geschnittenen Räuchertofu.

PREISWERT

Nassauer Wurstsalat

750 g festkochende Kartoffeln
Salz
2 rote Zwiebeln
5 EL milder Weißweinessig
4 EL Öl
Pfeffer
200 ml Fleischbrühe
400 g Fleischwurst
1 Bund Schnittlauch

Für 4 Personen
Zubereitung: 45 Min.
Pro Portion ca. 510 kcal, 14 g E, 39 g F, 25 g KH

1 Die Kartoffeln waschen, ungeschält in Salzwasser aufsetzen und zugedeckt in 25 – 30 Min. garen. Die Zwiebeln schälen, fein würfeln und in eine Schüssel (mit Deckel) geben. Den Essig mit Öl, Salz und Pfeffer verrühren, über die Zwiebeln gießen.

2 Die Kartoffeln abgießen, so heiß wie möglich pellen und in Scheiben schneiden, zu den Zwiebeln geben. Die Fleischbrühe erhitzen und darübergießen, alles vorsichtig mischen und abkühlen lassen.

3 Den Salat nochmals mit Salz und Pfeffer abschmecken. Die Fleischwurst häuten und in Scheiben schneiden. Den Schnittlauch waschen, trocken schütteln und in feine Röllchen schneiden. Die Wurst und den Schnittlauch unter den Kartoffelsalat mischen, die Schüssel verschließen und den Salat bis zum Picknick im Kühlschrank aufheben. In einer Kühltasche mitnehmen.

ZUHAUSE-TIPP

Ein lockeres, saftiges Rührei (aus 1 Ei pro Person) bereiten, zerpflücken und über den Salat streuen.

MIT FRISCHEM AROMAKICK

Fleischsalat mit Limette

1 kleine Salatgurke
1 Tomate
2 Frühlingszwiebeln
300 – 400 g Fleischwurst am Stück (z. B. Lyoner, die Menge richtet sich nach dem Hunger)
1 Bio-Limette
100 g Mayonnaise (fertig gekauft; wer mag, nimmt Salatmayonnaise, die ist weniger fett)
100 g saure Sahne
Salz
Pfeffer

Für 4 Personen
Zubereitung: 20 Min.
Pro Portion ca. 475 kcal, 9 g E, 46 g F, 4 g KH

1 Die Gurke gründlich waschen oder schälen und der Länge nach halbieren. Kerne aus der Mitte mit einem kleinen Löffel herausschaben. Gurke in kleine Würfel schneiden. Tomate waschen und halbieren. Die Hälften in der Hand leicht zusammendrücken. Die Kerne, die dabei herauskommen, mit einem Messer abschaben und wegwerfen. Tomate ebenfalls würfeln, dabei die Stielansätze wegschneiden. Frühlingszwiebeln waschen, Wurzelbüschel und welke dunkelgrüne Teile abschneiden. Zwiebeln fein hacken oder in dünne Ringe schneiden.

2 Fleischwurst pellen und klein würfeln oder erst in dünne Scheiben und dann in Streifen schneiden. Die Limette heiß waschen und die Schale fein abreiben. Eine Limettenhälfte auspressen.

3 Die Mayonnaise mit der sauren Sahne, der Limettenschale und 1 – 2 TL Limettensaft gründlich verrühren und mit Salz und Pfeffer abschmecken.

4 Fleischwurst mit Gurke, Tomate und Zwiebeln mit der Sauce mischen und probieren. Eventuell nachwürzen und in eine Schüssel füllen. Mit Semmeln (Brötchen) oder Misch- oder Weißbrot essen. Auch fein dazu: knusprige Toastbrotscheiben.

LECKERE FUSION-KÜCHE

Romanasalat mit Hähnchen-Saté

400 g Hähnchenbrustfilet
3 EL Öl
Salz
Pfeffer
1 Prise Chiliflocken
2 EL flüssiger Honig
2 – 3 Köpfe Mini-Romanasalat oder Romana-Salatherzen
400 g Naturjoghurt
Saft von 1 Zitrone
4 EL geröstete gesalzene Erdnusskerne

Außerdem:
8 Holzspieße

Für 4 Personen
Zubereitung: 15 Min.
Pro Portion ca. 345 kcal, 28 g E, 18 g F, 14 g KH

1 Das Hähnchenfleisch waschen, trocken tupfen und der Länge nach in schmale Streifen schneiden. Das Öl mit Salz, Pfeffer und den Chiliflocken verquirlen. Das Fleisch darin wenden, dann ziehharmonikaartig und nicht zu eng auf die Holzspieße stecken.

2 Eine beschichtete Pfanne erhitzen, die Spieße hineinlegen und rundherum in ca. 5 Min. braun braten. Zum Schluss mit dem Honig beträufeln. Parallel dazu die Salatherzen waschen, putzen und trocken schleudern, kleiner schneiden und auf Tellern auslegen.

3 Den Joghurt mit Zitronensaft, Salz und Pfeffer verrühren, abschmecken und über den Salat träufeln. Den Salat mit den Erdnusskernen bestreuen und mit jeweils zwei Satéspießen servieren.

MIT VIEL GESCHMACK

Hühnerfleischsalat mit Avocado

1 gegartes Suppenhuhn (ersatzweise 1 gekauftes Grillhähnchen)
4 Stangen Staudensellerie (mit dem Grün)
4 Mandarinen
2 Avocados
2 – 3 EL frisch gepresster Zitronensaft
120 g Mayonnaise
100 g saure Sahne
1 EL Weißweinessig
1 TL Currypulver
Salz
Pfeffer
40 g Pekannusskerne

Für 4 – 6 Personen
Zubereitung: 35 Min.
Pro Portion ca. 915 kcal, 38 g E, 81 g F, 7 g KH

1 Das ausgekühlte Huhn häuten, Fleisch von den Knochen lösen und in mundgerechte Stücke schneiden. Sellerie waschen, putzen und die Stangen in dünne Scheiben schneiden, das Grün beiseitelegen. Den Saft von 1 Mandarine auspressen, übrige Mandarinen schälen, in Stücke teilen und diese eventuell halbieren. Die Avocados halbieren und die Steine entfernen, das Fruchtfleisch aus den Schalen heben, in kleine Würfel schneiden und sofort mit dem Zitronensaft mischen.

2 Mayonnaise, Sahne, Essig und 4 – 5 EL Mandarinensaft glatt verrühren. Das Dressing mit Currypulver, Salz und Pfeffer würzen. Das zarte Grün von 2 Selleriestangen fein schneiden und untermischen, das Dressing mit übrigem Mandarinensaft abschmecken.

3 Hähnchenfleisch, Sellerieescheiben, Mandarinen und Avocados mit dem Dressing mischen und den Salat ca. 10 Min. ziehen lassen. Inzwischen Pekannüsse grob hacken, den Salat vor dem Servieren damit bestreuen.

KLASSIKER AUS DEM OFEN

Entdecken Sie neue Lieblingsrezepte: deftiger Schweinebraten, herrlich zartes Lamm oder würziges Kräuterhuhn, für jeden Geschmack ist was dabei.

Tomaten-Hähnchen in Salzkruste

Das Garen im Salzmantel braucht zwar etwas Zeit, aber das zartsaftige Fleisch und das wunderbare Aroma lohnen den Aufwand auf jeden Fall.

1 küchenfertiges Brathähnchen (ca. 1,5 kg)
2 Zweige Thymian
50 g getrocknete, in Öl eingelegte Tomaten
1 Bio-Orange
2 Knoblauchzehen
Pfeffer
1 EL Kapern
2,5 kg grobes Meersalz
3 Eiweiß
Zahnstocher oder Küchengarn zum Verschließen

Für 4 – 6 Personen
Zubereitung: 25 Min. | Garen: 1 Std. 20 Min.
Pro Portion ca. 390 kcal, 37 g E, 26 g F, 2 g KH

1 Das Hähnchen innen und außen kalt abspülen und trocken tupfen. Thymian waschen und die Blättchen abzupfen. Die Tomaten abtropfen lassen. Die Orange heiß waschen, abtrocknen und mitsamt der Schale in Spalten schneiden. Den Knoblauch schälen und halbieren.

2 Das Hähnchen rundherum mit 2 – 3 EL Tomatenöl einreiben und pfeffern. Thymian, Tomaten, Orangenspalten, Knoblauch und Kapern in die Bauchhöhle des Hähnchens füllen und die Öffnung mit Zahnstochern oder Küchengarn gut verschließen, sodass kein Salz in das Hähnchen eindringen kann.

3 Den Backofen auf 200° vorheizen und ein Backblech mit Backpapier belegen. Das Salz in einer Schüssel mit den Eiweißen gleichmäßig vermengen und ein Drittel davon auf dem Blech verteilen – die Fläche sollte etwas größer als das Hähnchen sein. Das Hähnchen mit der Brust nach oben auf das Salzbett legen und mit der restlichen Salzmischung vollständig bedecken. Im Ofen (Mitte, Umluft 180°) ca. 1 Std. 20 Min. backen.

4 Das Hähnchen aus dem Ofen nehmen und vor dem Servieren noch ca. 5 Min. ruhen lassen, dann die Salzkruste mit einem Löffelrücken (oder, falls nötig, mit einem Hammer) aufklopfen und das Hähnchen vorsichtig aus der Kruste heben. Das Hähnchen zerteilen und servieren.

UND DAZU?

Gut passen Sahnenudeln oder Reis. Auch mediterrane Kartoffeln vom Blech, eventuell mit Gemüse (z. B. Pilze, Paprikaschoten, Auberginen) gegart, passen gut zu dem Hähnchen.

VARIANTE – ZITRONEN-KRÄUTER-HÄHNCHEN

Das Hähnchen mit Scheiben von 2 – 3 Bio-Zitronen, einigen Blättern Salbei, 3 Zweigen Rosmarin, 3 Zweigen Thymian und 2 Knoblauchzehen füllen und wie oben beschrieben zubereiten. Reiben Sie vor dem Einpacken in das Salz die Hähnchenhaut mit Zitronenöl (oder Olivenöl und etwas frisch abgeriebener Bio-Zitronenschale) ein.

Weihnachtsgans mit Cassis-Blaukraut

Was gibt es Schöneres als eine traditionell zubereitete Weihnachtsgans an den Festtagen? Zusammen mit dem originellen Blaukraut ein Festmahl.

Für die Gans:
2 Zwiebeln
2 säuerliche Äpfel
1 Bund Beifuß
1 TL grob geschroteter Pfeffer
1 küchenfertige Gans (ca. 4 kg)
Salz
Pfeffer
Holzspießchen

Für das Blaukraut:
1,2 kg Blaukraut (Rotkohl)
Salz
1 Zwiebel
1 säuerlicher Apfel
2 El Butterschmalz
250 ml roter Johannisbeersaft
2 Lorbeerblätter
1 Zimtstange
3 Gewürznelken
4 EL Cassis-Likör (Johannisbeerlikör)

Für 6 Personen
Zubereitung: 2 Std. 15 Min. | Garen: 6 Std. 30 Min.
Pro Portion ca. 1795 kcal, 79 g E, 155 g F, 17 g KH

1 Backofen auf 220° vorheizen. Zwiebeln schälen, Äpfel waschen, beides in grobe Stücke schneiden. Beifuß und Pfeffer untermischen.

2 Die Gans sorgfältig waschen und abtrocknen. Innen und außen salzen und mit der Apfelmischung füllen. Öffnung mit Spießchen zustecken. Gans mit der Brust in die Fettpfanne setzen (keine Flüssigkeit angießen!) und im Ofen (unten) ca. 30 Min. braten. Die Gans wenden und weitere ca. 30 Min. braten. Temperatur auf 80° zurückstellen und die Gans ca. 6 Std. 30 Min. weitergaren.

3 Ca. 1 Std. 15 Min. vor Ende der Garzeit das Blaukraut putzen, den Strunk entfernen. Blaukraut in feine Streifen hobeln. In einer Schüssel mit 1 TL Salz mischen. Zwiebel schälen und fein hacken. Apfel schälen, Kerngehäuse entfernen. Apfel klein würfeln. Butterschmalz in einem Schmortopf erhitzen, Zwiebel und Apfel darin unter Rühren ca. 3 Min. anbraten. Blaukraut untermischen und ca. 2 Min. mitbraten. Saft, Lorbeer, Zimt und Nelken unterrühren und alles zugedeckt ca. 30 Min. bei mittlerer Hitze schmoren lassen, gelegentlich umrühren. Den Likör untermischen. Blaukraut mit Salz und Pfeffer abschmecken.

4 Gans herausnehmen, öffnen und die Füllung durch ein Sieb in einen Topf gießen. Ofentemperatur auf 220° erhöhen, Grill dazuschalten. Fett aus der Fettpfanne nach Belieben mit einem Löffel entfernen, Bratensaft in den Topf gießen. Sauce aufkochen lassen, mit Salz und Pfeffer abschmecken.

5 Gans tranchieren. Stücke mit der Hautseite nach oben in die Fettpfanne legen und unter dem Ofengrill in 5 – 6 Min. knusprig braun braten.

6 Das Cassis-Blaukraut in eine Schüssel und den Bratensaft in eine Sauciere füllen. Die Gänsestücke auf einer Platte anrichten und alles zusammen servieren.

AROMA-KÜCHE FÜR SONNTAGS

Lamm mit Kräuterkruste und Zucchini-Gemüse

Butterweiches Lammfleisch, mediterranes Gemüse und cremige Polenta: Dieses Rezept wird selbst eingefleischte Lamm-Skeptiker überzeugen.

1 Scheibe Toastbrot
1 EL fein gehackte gemischte Kräuter (z. B. Thymian und Petersilie)
1 Knoblauchzehe
2 EL Doppelrahmfrischkäse
1 Eigelb
Salz
Pfeffer
300 g Zucchini
150 g Kirschtomaten
1 Schalotte
350 g Lammlachse (ausgelöster Lammrücken)
3 EL Rapsöl
400 ml Gemüsebrühe
100 g Polenta (feiner Maisgrieß)
abgeriebene Schale von ½ Bio-Zitrone
20 g weiche Butter

Für 2 Personen
Zubereitung: 30 Min. | Backen: 15 Min.
Pro Portion ca. 710 kcal, 48 g E, 35 g F, 49 g KH

1 Backofen auf 200° vorheizen. Toast fein zerbröseln und mit den Kräutern mischen. Knoblauchzehe schälen und durch eine Knoblauchpresse dazu drücken. Frischkäse und Eigelb zugeben und alles glatt verrühren. Mit Salz und Pfeffer würzen.

2 Zucchini putzen, waschen und der Länge nach in Scheiben schneiden. Tomaten waschen. Schalotte schälen und fein würfeln.

3 Fleisch mit Salz und Pfeffer würzen. 2 EL Öl in einer beschichteten Pfanne erhitzen und das Fleisch darin bei starker Hitze ca. 1 Min. von jeder Seite anbraten. Herausnehmen und auf ein mit Backpapier ausgelegtes Backblech legen.

4 Kräutermasse auf dem Fleisch verteilen und im heißen Ofen 12–15 Min. (Mitte, Umluft 180°) überbacken.

5 Gemüsebrühe in einem Topf aufkochen, Maisgrieß unter Rühren einrieseln lassen. Aufkochen und auf der ausgeschalteten Herdplatte ca. 10 Min. ausquellen lassen.

6 Restliches Öl in die Pfanne geben, erhitzen. Zucchini, Tomaten und Schalotte darin bei mittlerer Hitze ca. 5 Min. braten. Mit Salz, Pfeffer und ½ TL Zitronenschale würzen. Lammlachse und Zucchini-Tomaten-Gemüse anrichten.

7 Heiße Polenta kräftig umrühren. Die weiche Butter und restliche Zitronenschale unterrühren. Mit Salz und Pfeffer abschmecken.

VARIANTE

Anstelle von Lammfleisch kann man auch Hähnchenbrustfilet oder Schweinefilet verwenden.

Schweinebraten mit knuspriger Kruste

Zartes Fleisch, knackige Kruste und würzige Sauce: Dieser bayerische Klassiker erfreut sich seit jeher äußerster Beliebtheit bei Jung und Alt.

1 ½ kg Schweineschulter (mit Schwarte)
Salz
2 TL Kümmelsamen
½ TL Korianderkörner
½ TL Senfkörner
½ TL getrockneter Majoran
2 EL zimmerwarmes Schweineschmalz
4 Zwiebeln
4 Knoblauchzehen
2 Äpfel
ca. 500 g Spareribs (Schweinerippchen)
300 ml Bier

Für 4 – 6 Personen
Zubereitung: 50 Min. | Garen: 2 Std. 45 Min.
Pro Portion ca. 765 kcal, 51 g E, 57 g F, 6 g KH

1 Den Backofen auf 220° (200° Umluft) vorheizen. In einem Bräter 200 ml Wasser zum Kochen bringen. Das Bratenstück mit der Schwarte nach unten hineinlegen und im Ofen (Mitte) offen ca. 20 Min. vorgaren. In einem Topf 100 ml Wasser mit 2 EL Salz aufkochen und abkühlen lassen.

2 Den Kümmel mit Koriander, Senfkörnern, Majoran und 1 TL Salz im Mörser zerstoßen und unter das Schweineschmalz mischen. Die Zwiebeln schälen, halbieren und in grobe Spalten schneiden. Den Knoblauch schälen und mit der Breitseite eines großen Messers leicht andrücken. Die Äpfel waschen (nach Belieben schälen) und vierteln, die Kerngehäuse entfernen und die Viertel in Spalten schneiden. Die Spareribs waschen, trocken tupfen und in die einzelnen Rippchen schneiden.

3 Den Braten aus dem Backofen nehmen. Die Ofentemperatur auf 190° (170° Umluft) reduzieren. Mit einem scharfen Messer ein kleines Karomuster in die Schwarte schneiden, dabei darauf achten, dass das Fleisch nicht verletzt wird. Äpfel, Zwiebeln und Spareribs im Bräter verteilen. Das Fleisch mit der Schwarte nach oben darauflegen und dick mit dem Gewürzschmalz einstreichen. Den Braten im Ofen (Mitte) ca. 2 Std. garen, dabei ab und zu mit wenig Bier und mit dem austretenden Bratenfett begießen – es sollte immer etwas Flüssigkeit im Bräter stehen.

4 Die Ofentemperatur auf 240° (220° Umluft) erhöhen. Den Braten auf ein Backblech legen und mit dem kalten Salzwasser bestreichen. Weitere 10 – 15 Min. garen, bis die Kruste knusprig ist und braune Blasen wirft, dabei noch zwei- oder dreimal mit dem Salzwasser bestreichen. Den Braten aus dem Ofen nehmen und ca. 10 Min. ruhen lassen.

5 Den Bratensatz im Bräter mit dem restlichen Bier ablöschen, 750 ml Wasser dazugeben und ca. 10 Min. kochen lassen. Die Sauce durch ein Sieb gießen – nach Belieben stattdessen auch nur die Spareribs herausfischen – und mit Salz abschmecken. Den Braten aufschneiden und mit der Sauce servieren. Dazu passen Kartoffel- oder Rahmknödel.

DEFTIG
WÜRZIG

Ochsenschwanz aus dem Ofen

Durch die lange Garzeit in der Rotweinsauce schmilzt das Fleisch förmlich auf der Zunge und steckt voller Aromen wie Thymian und Zitrone.

3 Zwiebeln
2 Knoblauchzehen
250 g Möhren
250 g Staudensellerie
1 Stange Lauch
5 Zweige Thymian
2 kg Ochsenschwanz (in möglichst dicken Stücken)
Salz
Pfeffer
2 EL Mehl
1 EL Tomatenmark
400 ml Rotwein
1 l Rinderfond (aus dem Glas)
40 g Rosinen
4 EL Aceto balsamico
1 Bund Petersilie
fein abgeriebene Schale von ½ Bio-Zitrone
Olivenöl zum Braten

Für 4 Personen
Zubereitung: 30 Min. | Garen: 3 Std.
Pro Portion ca. 870 kcal, 79 g E, 44 g F, 23 g KH

1 Zwiebeln und Knoblauch schälen und fein würfeln. Möhren schälen, die Selleriestangen waschen und putzen, beides in 1 cm große Würfel schneiden. Den Lauch längs vierteln, waschen, putzen und in ca. 1 cm große Stücke schneiden. Den Thymian abbrausen und trocken schütteln, die Blättchen abzupfen.

2 Den Ochsenschwanz abbrausen, trocken tupfen und äußeres Fett wegschneiden. Dann die Fleischstücke salzen, pfeffern und mit dem Mehl bestäuben, Mehl leicht festdrücken, überschüssiges Mehl abschütteln.

3 Backofen auf 180° vorheizen. So viel Öl in einem Bräter erhitzen, dass der Boden ganz knapp bedeckt ist. Darin die Ochsenschwanzstücke bei großer Hitze rundherum anbraten, anschließend aus dem Bräter nehmen.

4 Zwiebeln, Knoblauch, Möhren, Sellerie und Lauch in den Bräter geben und ca. 2 Min. unter Rühren anbraten, salzen und pfeffern. Das Tomatenmark dazugeben und ca. 1 Min. mitrösten. Dann alles mit etwas Rotwein ablöschen und den Wein vollständig einkochen lassen, nochmals mit etwas Wein ablöschen und wieder einkochen lassen. Übrigen Wein und den Rinderfond dazugießen, aufkochen lassen. Die Ochsenschwanzstücke einlegen und den Thymian unterrühren.

5 Den Bräter in den Ofen (unten, Umluft 160°) schieben und den Ochsenschwanz 2 Std. 30 Min.–3 Std. zugedeckt schmoren lassen (das Fleisch sollte schön weich sein und sich leicht vom Knochen lösen lassen), dabei zwei- bis dreimal umrühren. Rosinen mit 3 EL Essig mischen und ziehen lassen, nach der Hälfte der Garzeit unter das Fleisch rühren.

6 Die Petersilie abbrausen und trocken schütteln, die Blättchen abzupfen, fein hacken und mit der Zitronenschale mischen. Den Bräter aus dem Ofen nehmen, Ochsenschwanz mit Salz, Pfeffer und übrigem Essig abschmecken, dann mit der Zitronen-Petersilien-Mischung bestreuen und am besten in dem Bräter servieren. Dazu passt einfaches italienisches Weißbrot oder Kartoffelbrei, aber auch Bandnudeln schmecken sehr gut dazu.

FÜR DIE GANZE FAMILIE

Kalbsrollbraten mit Essigzwetschgen

Ein echter Sonntagsbraten für die ganze Familie und Freunde, der mit den lecker gewürzten, süßsauren Essigzwetschgen alle begeistern wird.

Für die Essigzwetschgen:
500 g Zwetschgen
200 ml Rotwein
150 ml Rotweinessig
200 g Zucker
4 Gewürznelken
½ Zimtstange

Für den Rollbraten:
100 g Schalotten
3 Knoblauchzehen
1 kleine Petersilienwurzel (ca. 100 g)
5 EL Olivenöl
2 EL Pinienkerne
1 Bund Petersilie
½ TL Lavendelblüten (nach Belieben)
Salz | Pfeffer
1 ½ kg Kalbshals (vom Metzger mit einem doppelten Schmetterlingsschnitt aufklappen lassen)
400 ml Rotwein

Für 8 Personen
Zubereitung: 1 Std. | Marinieren: 2 Tage | Garen: 1 Std. 30 Min.
Pro Portion ca. 465 kcal, 41 g E, 13 g F, 35 g KH

1 Etwa 2 Tage vorher für die Essigzwetschgen die Zwetschgen waschen, trocken reiben und mit einer dicken Nadel (z. B. einer Rouladennadel) rundherum einstechen. In einem Topf den Wein mit Essig, Zucker und Gewürzen aufkochen lassen. Den Topf vom Herd nehmen und Zwetschgen dazugeben, mit dem Sirup mischen und an einem kühlen Ort zugedeckt ca. 24 Std. ziehen lassen. Zwetschgen in ein Sieb abgießen, dabei die Flüssigkeit in einem zweiten Topf auffangen. Den Sirup um ein Drittel einkochen lassen, wieder über die Zwetschgen gießen und erneut ca. 24 Std. marinieren. Die Zwetschgen im Sirup bei kleiner Hitze langsam zum Kochen bringen und auf der ausgeschalteten Herdplatte ca. 20 Min. ziehen lassen. Essigzwetschgen halten sich im Kühlschrank mindestens 4 Wochen.

2 Am Zubereitungstag für den Rollbraten Schalotten, Knoblauch und Petersilienwurzel schälen und in feine Würfel schneiden. In einer beschichteten Pfanne die Hälfte des Olivenöls erhitzen und das Gemüse darin bei kleiner Hitze ca. 5 Min. dünsten. Die Pinienkerne dazugeben und ca. 2 Min. mitdünsten. Die Petersilie abbrausen und trocken schütteln, die Blätter abzupfen und fein hacken. Petersilie und Lavendel (nach Belieben) mit der Schalottenmischung verrühren und mit Salz und Pfeffer würzen.

3 Restliches Olivenöl in ein tiefes Backblech geben und Blech in den Ofen (unten) schieben. Backofen auf 160° (150° Umluft) vorheizen. Kalbfleisch mit der Innenseite nach oben auf die Arbeitsfläche legen und mit Salz und Pfeffer würzen. Petersilienmischung auf dem Fleisch verteilen, von der Längsseite aus aufrollen und Rollbraten mit Küchengarn im Abstand von 4 cm binden.

4 Den Rollbraten auf dem heißen Blech im Ofen ca. 1 ½ Std. garen, dabei ab und zu wenden. Den Braten öfter mit wenig Wein und, wenn dieser aufgebraucht ist, mit etwas Bratensaft begießen. Den Rollbraten vom Blech nehmen und ca. 5 Min. ruhen lassen. Den Bratensaft in einen kleinen Topf gießen und das Fett abschöpfen, die Sauce aufkochen lassen und mit Salz und Pfeffer abschmecken. Den Braten vom Küchengarn befreien, in Scheiben schneiden und mit den Essigzwetschgen (heiß oder kalt) servieren.

Gefüllte Lende mit Aprikosen

Mit getrockneten Aprikosen gefüllt und die Sauce mit frischen Aprikosen verfeinert, überrascht die Lende mit feinen Aromen und angenehmer Süße.

50 g Mandelstifte
2 Knoblauchzehen
100 g getrocknete Aprikosen
1 kg Schweinelende
Salz
2 EL Öl
2 Bund Frühlingszwiebeln
500 g Aprikosen
150 ml Kalbsfond (Glas)
Küchengarn

Für 6 Personen
Zubereitung: 45 Min. | Garen: 2 Std. 30 Min.
Pro Portion ca. 320 kcal, 39 g E, 11 g F, 14 g KH

1 Mandeln rösten. Knoblauch schälen, hacken, Beides grob zerstoßen. Getrocknete Aprikosen würfeln. Backofen mit ofenfester Form auf 80° vorheizen. Das Fleisch zum Füllen spiralförmig einschneiden, von beiden Seiten salzen und zum Füllen auslegen. Mandelmischung und Aprikosenwürfelchen darauf verteilen, dabei einen Rand frei lassen. Fleisch aufrollen und mit Küchengarn zu einer Rolle binden.

2 Öl in einer Pfanne erhitzen. Fleisch darin rundherum bei starker Hitze in 6–7 Min. goldbraun anbraten. Fleisch in die Form setzen und ca. 2 Std. 30 Min. im Ofen garen. Pfanne beiseitestellen. Ca. 25 Min. vor Ende der Garzeit die Frühlingszwiebeln waschen, putzen, das Grün kürzen. Zwiebeln ganz lassen. Aprikosen waschen, entsteinen, in Spalten schneiden.

3 Pfanne mit dem Bratensatz erhitzen. Frühlingszwiebeln darin bei mittlerer Hitze ca. 3 Min. unter Wenden braten, Aprikosen ca. 2 Min. mitbraten. Den Fond angießen und 2–3 Min. köcheln lassen. Die Lende herausnehmen, in Scheiben schneiden. Saft aus der Form unter die Sauce mischen. Den Braten mit der Sauce auf vorgewärmten Tellern servieren.

PASSENDER BEGLEITER

Zu dieser spanischen Spezialität passt Safranreis. Hierfür 2 EL Öl erhitzen und 2 Lorbeerblätter sowie eine kleine Zimtstange darin anrösten. 400 g Basmatireis gründlich waschen und mit 750 ml Wasser und 1 TL Salz zu den Gewürzen geben. Bei starker Hitze ca. 15 Min. kochen lassen. ½ TL Safranfäden untermischen und Topf vom Herd nehmen. Reis zugedeckt ca. 5 Min. gar ziehen lassen.

HERBSTLICHER FESTSCHMAUS

Ernte-Dank-Huhn mit Kürbisfüllung

Jetzt kommen die Aromen des Herbstes auf den Tisch: Kürbis und intensiv schmeckende Steinpilze kombiniert mit einer würzigen Preiselbeersauce.

Für das Huhn:
500 g Kürbis (z. B. Hokkaido- oder Butternut-Kürbis)
1 Poularde oder Maispoularde (das ist ein Masthähnchen mit etwa 1,5 kg)
2 Zweige Rosmarin
1 Knolle Knoblauch
Salz
2 EL getrocknete Steinpilze
Pfeffer
2 – 3 EL Butterschmalz
Für die Sauce:
250 ml Hühnerbrühe (von der frisch gegarten Poularde)
200 g brauner Zucker
1 Zimtstange
350 g Preiselbeeren
1 Bio-Orange
Außerdem:
Rouladennadeln oder Holzspießchen

Für 4 Personen
Zubereitung: 1 Std. | Abkühlen: 1 Std.
Pro Portion ca. 820 kcal, 58 g E, 33 g F, 71 g KH

1 Für das Huhn den Hokkaido waschen und entkernen, den Butternut schälen und entkernen. Den Kürbis in 3 cm dicke Spalten schneiden. Die Poularde von den Innereien befreien – falls noch welche in ihr stecken. Rosmarin abbrausen und trocken schütteln. 2 Knoblauchzehen von der Knolle lösen und für die Füllung beiseitelegen, den Rest der Knolle quer halbieren.

2 In einem großen Topf 5 l Wasser mit 40 g Salz aufkochen. Poularde, Kürbis, Rosmarin, Knoblauchhälften und die Pilze ins Wasser geben. Aufkochen und ca. 5 Min. kochen lassen, dann den Topf vom Herd nehmen. Die Kürbisspalten mit einem Schaumlöffel aus der Brühe nehmen, beiseitestellen. Die Poularde in der Brühe zugedeckt in ca. 1 Std. bis auf 60° abkühlen lassen – das ist gerade erträglich, wenn man den Finger kurz hineinhält.

3 Einen kleinen Bräter im Ofen auf 200° (unten, Umluft 180°) vorheizen. Huhn aus der Brühe nehmen und abtropfen lassen. 250 ml Brühe abmessen, den Rest einfrieren und für andere Gerichte verwenden. Beiseitegelegte Knoblauchzehen schälen und fein hacken. Kürbis in 1 cm dicke Stücke schneiden, mit Knoblauch, Salz und Pfeffer würzen. Kürbis in die Poularde füllen, die Öffnung mit Rouladennadeln oder Holzspießchen verschließen. Schmalz im Bräter schmelzen lassen, Poularde dazugeben und im Ofen in ca. 20 Min. rundum knusprig braun braten, dabei immer wieder drehen.

4 Inzwischen für die Sauce die abgemessene Hühnerbrühe mit Zucker, Zimtstange und Preiselbeeren in einen Topf geben. Orange heiß waschen und abtrocknen, die Schale fein abreiben und den Saft auspressen, beides zu den Preiselbeeren geben. Die Beeren bei mittlerer Hitze 15 – 20 Min. kochen, bis die meisten Beeren geplatzt sind. Das Huhn samt Füllung in Stücke zerteilen und mit der Preiselbeersauce servieren.

WAS FEINES FÜR HERBST UND WINTER

Rehbraten mit Pflaumen

Für alle Wildfans gibt es hier einen zarten Rehbraten, der mit seiner Vielzahl an feinen Gewürzen ein echtes Geschmacksfeuerwerk zündet.

1 Rehbraten ohne Knochen (etwa 1 kg, am besten Keule)
½ Bio-Ztrone
Salz
Pfeffer
je ¼ TL frisch geriebene Muskatnuss, gemahlener Kümmel und Koriander, edelsüßes Paprikapulver und Zimtpulver
1 Stück Knollensellerie (etwa 150 g)
2 Möhren
1 Stange Lauch
4 EL Öl
500 g Knochen (am besten vom Reh, ersatzweise Kalbsknochen)
1 EL Puderzucker
2 EL Tomatenmark
½ l trockener Rotwein (ersatzweise Wildfond aus dem Glas)
je 1 TL Wacholderbeeren und Pfefferkörner
2 Nelken
4 Lorbeerblätter
100 g weiche Trockenpflaumen

Für 6 Personen
Zubereitung: 45 Minuten | Braten: 2 Std. 45 Min.
Pro Portion ca. 355 kcal, 37 g E, 9 g F, 13 g KH

1 Vom Rehbraten die Sehnen so gut wie möglich abschneiden. Die Zitrone heiß waschen und die Schale fein abreiben. Die Schale mit 1 TL Salz und 1 TL Pfeffer, Muskat, Kümmel, Koriander, Paprika und Zimt mischen und den Braten rundherum damit einreiben.

2 Für die Sauce den Sellerie und die Möhren schälen und in gut 1 cm große Würfel schneiden. Vom Lauch die Wurzelbüschel und welke Teile abschneiden. Die Stange der Länge nach aufschlitzen und gründlich waschen, auch zwischen den Schichten, dann in 2 – 3 cm lange Stücke schneiden.

3 Den Backofen auf 120 Grad vorheizen (Ober- und Unterhitze nehmen). In einem Bräter auf dem Herd 2 EL Öl erhitzen. Den Rehbraten darin bei mittlerer Hitze rundherum ca. 5 Minuten lang anbraten, wieder herausnehmen. Das restliche Öl in den Bräter geben und das Gemüse und die Knochen darin gut anbraten. In die Fettpfanne des Backofens umfüllen.

4 Puderzucker im Bratfett schmelzen, das Tomatenmark gründlich unterrühren und alles mit dem Wein und 500 ml Wasser aufgießen. Zum Gemüse und den Knochen in die Fettpfanne gießen, salzen und die Wacholderbeeren, Pfefferkörner, Nelken und Lorbeerblätter dazugeben.

5 Die Fettpfanne in den Ofen (etwas unter der Mitte) schieben. Den Rehbraten auf den Rost legen. Wer ein Bratenthermometer hat, steckt dieses in die dickste Stelle des Fleisches. Den Rost über der Fettpfanne in den Ofen schieben und den Braten ca. 2 ¾ Stunden garen. Das Thermometer soll dann 75 Grad anzeigen.

6 Den Braten im Ofen lassen. Die Zutaten aus der Fettpfanne durch ein Sieb in einen Topf gießen. Die Sauce gut aufkochen und bei Bedarf einkochen lassen. Pflaumen achteln und in der Sauce erwärmen. Die Sauce mit Salz und Pfeffer abschmecken. Den Braten in Scheiben schneiden und mit der Sauce servieren. Schmeckt mit Spätzle, Nudeln oder Kartoffelpüree.

Lammkarree mit Meerrettichkruste

Das Lammfleisch, von Natur aus sehr mild im Geschmack, wird von einer würzigen Meerrettichkruste gekrönt, die eine angenehme Schärfe mitbringt.

Für die Meerrettichkruste:
3 Thymianzweige
1 Bund krause Petersilie
2 Schalotten
50 ml trockener Weißwein
150 g Sauerrahmbutter (zimmerwarm)
40 g geriebener Meerrettich
1 TL scharfer Dijon-Senf
150 g Semmelbrösel
Salz | Pfeffer
Saft von ½ Bio-Zitrone
1 Spritzer Worcestersauce
Für die Lammkarrees:
8 kleine, weiße Rübchen (Navets; Alternativ: Pastinaken)
8 Frühlingszwiebeln
3 EL Olivenöl
2 Lammkarrees ohne Fettdeckel à 400 g (jeweils 8 geputzte Rippen)
Salz, schwarzer Pfeffer aus der Mühle
200 ml dunkler Lammfond (oder Kalbsfond)
1 EL kalte Butter
8 Kirschtomaten
Außerdem:
Bratthermometer

Für 4 Personen
Zubereitung: 55 Min. | Marinieren: 30 Min.
Pro Portion ca. 980 kcal, 47 g E, 71 g F, 37 g KH

1 Thymian und Petersilie waschen, trocken schütteln, jeweils die Blättchen abstreifen und fein schneiden. Schalotten schälen und sehr fein würfeln. Mit dem Weißwein in einen kleinen Topf geben und bei mittlerer Hitze langsam einkochen, bis er fast verdunstet ist. Den Topf vom Herd ziehen und abkühlen lassen.

2 Zimmerwarme Butter mit einem Handrührgerät schaumig schlagen. Mit Schalotten, Thymian, Petersilie, Meerrettich und Senf vermischen. Semmelbrösel unterziehen und mit Salz, Pfeffer, Zitronensaft und Worcestersauce abschmecken. Ca. 30 Min. zugedeckt ziehen lassen. Die weißen Rübchen dünn schälen, Blattstrunk in 1 cm Länge stehen lassen. Frühlingszwiebeln putzen und waschen. Den Backofen auf 200° (Umluft 180°) vorheizen.

3 In einem Bräter 3 EL Olivenöl erhitzen und die Lammkarrees auf der Fleischseite in ca. 1 Min. scharf anbraten, wenden und ca. 1 Min. braten. Herausnehmen. Rübchen und Frühlingszwiebeln in den Bräter geben und bei geringer Hitze anbraten. Die Lammkarrees jeweils mit der Knochenseite nach unten daraufsetzen und im Ofen 10 – 12 Min. bis zu einer Kerntemperatur von 58° rosa braten. Herausnehmen und Gemüse und Fleisch warm stellen. Mit Küchenpapier die Fleischseite der Karrees trocken tupfen und mit Salz und Pfeffer würzen.

4 Das Bratfett abgießen, Bräter zurück auf den Herd stellen und Bratensatz mit etwas kaltem Wasser ablöschen. Den Lammfond angießen. Rübchen und Frühlingszwiebeln bei mittlerer Hitze sämig einkochen.

5 Die Meerrettichmasse ca. 1 cm dick jeweils auf der Fleischseite des Karrees aufstreichen. Im Backofen die Karrees auf Grillstufe goldbraun grillen. Herausnehmen und 3 – 4 Min. ruhen lassen. 1 EL kalte Butter in die Sauce rühren, Kirschtomaten einlegen, bis sie lauwarm sind. Das Gemüse und die Tomaten portionsweise auf Tellern anrichten, die Karrees vorsichtig in Rippen schneiden, dazulegen und alles mit Sauce umringen.

GÄSTEFEIN

Rotweinbraten

750 ml kräftiger Rotwein
je 3 Lorbeerblätter, Gewürznelken und Sternanis
1 TL schwarze Pfefferkörner
1 kg Rinderbraten (Schulter, Hüfte)
Salz
Pfeffer
2 EL Öl
3 große Möhren
2 Stangen Lauch
3 Petersilienwurzeln
2 EL Butterschmalz

Für 6 Personen
Zubereitung: 50 Min. | Marinieren: 1 Tag |
Garen: 3 Std. 30 Min.
Pro Portion ca. 520 kcal, 34 g E, 28 g F, 7 g KH

1 Rotwein und Gewürze in einem Topf aufkochen und lauwarm abkühlen lassen. Braten in eine enge Schüssel legen, mit dem Wein übergießen und zugedeckt für ca. 23 Std. in den Kühlschrank stellen. Ca.1 Std. vor dem Anbraten herausnehmen.

2 Backofen mit ofenfester Form auf 80° vorheizen. Fleisch aus dem Wein heben, trocken tupfen, salzen und pfeffern. In einem Bräter im Öl rundherum 7 – 8 Min. anbraten. In die Form setzen und ca. 3 Std. 30 Min. im Ofen garen. Wein durch ein Sieb zum Bratensatz gießen, bei starker Hitze auf ein Viertel einkochen.

3 Ca. 30 Min. vor Ende der Garzeit das Gemüse waschen, ggf. schälen, putzen und in feine Stifte (Julienne) schneiden. Gemüse im heißen Butterschmalz ca. 2 Min. anbraten. Reduzierten Wein und Bratensaft aus der Form dazugeben, ca. 3 Min. köcheln lassen, salzen und pfeffern. Braten in Scheiben schneiden, mit der Sauce servieren.

BAYERISCHE SPEZIALITÄT

Spanferkel mit Spitzkohl

800 g Spanferkelbraten (Schulter oder Keule, ohne Schwarte und Knochen)
Salz
Pfeffer
4 EL Öl
500 g Spitzkohl
1 Zwiebel
50 g Räucherspeck (ohne Schwarte)
½ TL Kümmel
Zucker
200 ml Gemüsebrühe

Für 4 Personen
Zubereitung: 40 Min. | Garen: 2 Std. 30 Min.
Pro Portion ca. 505 kcal, 41 g E, 34 g F, 4 g KH

1 Backofen mit ofenfester Form auf 80° vorheizen. Fleisch salzen, pfeffern und in 2 EL Öl rundherum in 5 – 6 Min. goldbraun anbraten. In die Form setzen und ca. 2 Std. 30 Min. im Ofen garen.

2 Ca. 30 Min. vor Ende der Garzeit Spitzkohl vom Strunk befreien, in 4 – 5 cm große Rauten schneiden. Zwiebel schälen, fein hacken. Speck würfeln. Speck und Zwiebeln im restlichen Öl glasig anbraten. Kohl, Kümmel und je 1 Prise Salz und Zucker dazugeben, ca. 1 Min. anbraten. Brühe zufügen, zugedeckt bei schwacher Hitze ca. 15 Min. garen.

3 Kohl mit Salz und Pfeffer abschmecken. Spanferkel in Scheiben schneiden, mit dem Kohl auf vorgewärmten Tellern anrichten, mit dem Bratensaft beträufeln.

SCHON GEWUSST?

Spitzkohl ist eine Weißkohlvariante, die sich vor allem durch einen spitz zulaufenden Kopf auszeichnet. Im Geschmack ist er dezenter als der runde Weißkohl und erinnert eher an Wirsing. Seine zarten Blätter können auch roh in Salaten verwendet werden und müssen nur kurz garen.

PASST IN DIE WINTERZEIT

Entenkeulen auf Apfel-Honig-Kraut

Die Ente kommt mit einer herrlich knusprigen Haut aus dem Ofen. Besonders süßsäuerliche Bratäpfel passen zu ihrem aromatischen Fleisch.

4 Entenkeulen (je ca. 350 g)
10 Zweige Thymian
Salz
Pfeffer
2 Zwiebeln
6 kleine, festfleischige Äpfel (z. B. Cox Orange)
2 EL Gänseschmalz
1 kg Sauerkraut (frisch oder aus der Dose)
1 TL Wacholderbeeren
1 Lorbeerblatt
500 – 600 ml lieblicher Cidre (ersatzweise Apfelsaft)
4 – 5 EL Honig

Für 4 Personen
Zubereitung: 30 Min. | Garen: 1 Std. 30 Min.
Pro Portion ca. 965 kcal, 57 g E, 56 g F, 43 g KH

1 Die Entenkeulen abbrausen und trocken tupfen. Sehr dicke Fettstücke am Fleisch oder der Haut wegschneiden. Thymian abbrausen und trocken schütteln, von 6 Zweigen die Blättchen abzupfen und fein hacken. Die Haut der Keulen vorsichtig mit den Fingern leicht vom Fleisch lösen, anheben und die Hälfte der gehackten Thymianblättchen darunterschieben. Dann die Haut wieder schön über dem Fleisch glatt ziehen und die Keulen rundherum salzen und pfeffern.

2 Den Backofen auf 200° vorheizen. Zwiebeln schälen und fein würfeln. Äpfel waschen, 2 davon vierteln, entkernen und in kleine Stücke schneiden. Schmalz in einem Bräter schmelzen, darin die Keulen auf der Hautseite bei mittlerer Hitze 3 – 4 Min. anbraten, bis die Haut gebräunt ist, dann rundherum fertig anbraten, aus dem Bräter nehmen.

3 Eventuell etwas vom Bratfett abgießen und Zwiebeln und Apfelstückchen in dem übrigen Fett langsam goldgelb dünsten. Sauerkraut, Wacholderbeeren, Lorbeerblatt und 500 ml Cidre dazugeben und das Kraut im Topf mit einer Gabel locker zerzupfen. Die Keulen mit der Hautseite nach oben darauflegen, dabei jeweils 1 Thymianzweig unter jede Keule stecken. Bräter mit einem Deckel verschließen, in den Ofen (unten, Umluft 180°) schieben und alles ca. 1 Std. 10 Min. garen, dabei eventuell einmal das Sauerkraut umrühren und, falls nötig, etwas Cidre nachgießen.

4 Übrige Äpfel vom Stielansatz her leicht aushöhlen, dabei nicht ganz durchstechen. 1 TL Salz mit 2 EL Wasser verrühren und darin auflösen. Übrigen gehackten Thymian in die Äpfel geben und jeweils etwas Honig darüberlaufen lassen. Bräter aus dem Ofen nehmen, das Kraut mit restlichem Honig (1 – 2 EL) abschmecken, die Äpfel in das Kraut zwischen die Keulen setzen, Keulen mit Salzwasser bepinseln. Alles offen weitere 15 – 20 Min. garen, bis die Haut der Äpfel leicht aufreißt, sie sollten aber nicht platzen. Wer möchte, schaltet die letzten ca. 5 Min. noch den Grill zu, damit die Entenhaut schön knusprig wird.

5 Bräter aus dem Ofen nehmen und Keulen, Apfel-Honig-Kraut und die Bratäpfel sofort servieren. Dazu passen rohe Klöße oder gebratene Schupfnudeln.

Spareribs mit homemade BBQ-Sauce

Zwei Tage werden die Schweinerippchen in der BBQ-Sauce mariniert. So werden sie würzig-zart und machen jeden Fleischliebhaber glücklich.

Für die Spareribs:
2 Bio-Orangen
4 Chilischoten
1 Stück Ingwer (ca. 4 cm)
10 Pimentkörner
3 Lorbeerblätter
400 ml Rapsöl
ca. 2 kg Spareribs (Schweinerippchen)
Salz

Für die BBQ-Sauce (750 ml):
2 milde Peperoni
1 – 3 Chilischoten (nach Belieben)
1 Zwiebel
2 Knoblauchzehen
1 Stück Knollensellerie (ca. 50 g)
2 EL Sonnenblumenöl
ca. 175 ml Orangensaft (von den 2 Orangen für die Marinade der Spareribs)
75 g getrocknete Pflaumen (entsteint)
2 EL brauner Zucker
6 cl Whiskey
75 ml Worcestershire-Sauce
200 g passierte Tomaten (aus dem Tetrapak)
4 EL Sojasauce
50 g Tamarindenpüree (aus dem Asienladen)
100 g Apfelmus
1 EL getrocknete Kräuter der Provence
1 TL Rauchsalz

Für 4 Personen
Zubereitung: 1 Std. | Marinieren: 2 Tage | Garen: 3 Std.
Pro Portion ca. 1180 kcal, 49 g E, 89 g F, 128 g KH

1 Am Vortag für die Spareribs Orangen heiß waschen, abtrocknen und mit dem Sparschäler dünn schälen. Orangen für die BBQ-Sauce beiseitelegen. Chilischoten längs halbieren, entkernen, waschen und in dünne Streifen schneiden. Ingwer schälen und in dünne Scheiben schneiden. Pimentkörner im Mörser andrücken. Orangenschalen, Chilis, Ingwer, Piment und Lorbeerblätter mit Öl mischen. Spareribs waschen und trocken tupfen, rundherum salzen und mit Gewürzöl in einen Gefrierbeutel geben. Beutel verschließen und Spareribs im Kühlschrank über Nacht marinieren.

2 Am Zubereitungstag ein tiefes, mit Backpapier ausgelegtes Backblech in den Ofen (Mitte) geben. Backofen auf 120° (besser: 100° Umluft) vorheizen. Spareribs mit der Fleischseite nach unten auf das heiße Blech legen und ca. 3 Std. garen, dabei ofter mit dem Gewürzöl bestreichen.

3 In der Zwischenzeit für die BBQ-Sauce Peperoni und nach Belieben Chilischoten halbieren, waschen und in Streifen schneiden. Zwiebel und Knoblauch schälen und grob zerkleinern. Sellerie schälen und in Würfel schneiden. Öl in einem Topf erhitzen und Zutaten darin ca. 5 Min. dünsten. Saft der Orangen auspressen und 175 ml Saft abmessen. Pflaumen in kleine Stücke schneiden. Zucker zum Sellerie geben und karamellisieren lassen. Mit Whiskey ablöschen und Flüssigkeit vollständig einkochen lassen. Orangensaft mit Pflaumen, Worcestershire-Sauce, Tomaten, Sojasauce, Tamarindenpüree, Apfelmus, Kräutern der Provence und Rauchsalz zum Sellerie geben. Bei kleiner Hitze 20 – 25 Min. einkochen lassen. Mischung in einen Rührbecher geben und Sauce mit dem Stabmixer pürieren. Spareribs aus dem Ofen nehmen und abtropfen lassen. Spareribs unter dem sehr heißen Backofengrill auf beiden Seiten in jeweils 2 – 3 Min. braun grillen. Dünn mit BBQ-Sauce bestreichen, unter dem Grill kurz glasieren und mit restlicher BBQ-Sauce servieren.

SONNTAGS-
SCHMANKERL

Kalbsbraten mit Semmelknödeln

Die feinen Semmelknödel stehlen dem Braten hier fast die Schau! Zusammen mit der himmlischen Sahne-Sauce ist das Gericht ein echtes Schmankerl.

Für den Braten:
1 kg Kalbsbraten (z. B. Nuss oder Oberschale)
Salz
Pfeffer
2 EL Öl
150 ml trockener Weißwein (ersatzweise Kalbsfond)
250 ml Kalbsfond (Glas)
200 g Sahne
2 EL heller Saucenbinder
Für die Knödel:
8 – 10 altbackene Brötchen (400 g)
250 ml Milch
1 kleine Zwiebel
½ Bund Petersilie
20 g Butter
3 Eier
Salz

Für 6 Personen
Zubereitung: 50 Min. | Garen: 3 Std.
Pro Portion ca. 590 kcal, 47 g E, 26 g F, 38 g KH

1 Backofen mit ofenfester Form auf 80° vorheizen. Fleisch salzen und pfeffern. Öl in einem Bräter erhitzen, Fleisch darin rundherum 7 – 8 Min. anbraten. In die Form setzen und ca. 3 Std. im Ofen garen. Bräter beiseitestellen.

2 Ca. 1 Std. vor Ende der Garzeit für die Knödel Brötchen in feine Scheiben schneiden und in eine Schüssel geben. Milch erhitzen und darübergießen, ca.10 Min. ziehen lassen. Zwiebel schälen und fein hacken. Petersilie waschen, Blätter fein hacken. Zwiebel und Petersilie in der Butter in 1 – 2 Min. glasig anbraten. Mit den Eiern in die Schüssel geben, salzen und gut verkneten. Ca. 20 Min. zugedeckt ruhen lassen.

3 In einem großen Topf Salzwasser aufkochen. Mit angefeuchteten Händen 8 Knödel formen, in das kochende Wasser einlegen. Bei schwacher Hitze in ca. 20 Min. gar ziehen lassen.

4 Währenddessen den Bratensatz im Bräter erhitzen, Wein angießen und ca. 3 Min. bei starker Hitze einkochen lassen. Fond und Sahne dazugeben, ca. 5 Min. sprudelnd kochen lassen. Braten herausnehmen, Bratensaft aus der Form unter die Sauce mischen. Saucenbinder einrühren. Sauce ca. 1 Min. sämig einkochen lassen. Mit Salz und Pfeffer abschmecken.

5 Braten in Scheiben schneiden. Knödel herausheben und abtropfen lassen. Beides auf vorgewärmte Teller verteilen und mit der Sauce überziehen.

GENUSS »ALL'ITALIANA«

Bereiten Sie doch gleich einen größeren Sonntagsbraten zu. 1,5 kg Fleisch brauchen ca. 4 Std. Garzeit. Das restliche Fleisch abkühlen lassen. Am nächsten Tag restlichen Braten (ca. 400 – 500 g) dünn aufschneiden und als Vitello tonnato mit Tunfischsauce servieren. Eine herrliche Vorspeise aus der klassischen italienischen Küche! Für die Sauce 1 Dose Tunfisch in Öl abtropfen lassen. Mit 6 EL Salatmayonnaise, 100 ml Kalbsfond, 2 – 3 EL Zitronensaft und 2 EL Kapern fein pürieren, mit Salz und Pfeffer abschmecken. Sauce über das Fleisch träufeln, mit 1 EL Kapern bestreuen und alles mit Zitronenschnitzen garnieren.

Kräuterrollbraten mit Fenchelsauce

Thymian, Majoran, Rosmarin: Jede Menge Kräuter und Gewürze verleihen dem Rollbraten seinen typischen Geschmack und der Sauce eine feine Würze.

¾ Bund Thymian
½ Bund Majoran
1 großer Zweig Rosmarin
½ Bio-Zitrone
4 Knoblauchzehen
4 EL Olivenöl
je 1 ½ EL körniger Senf und Dijon-Senf
1 ½ EL Fenchelsamen
Salz | Pfeffer
1 kg Schweinerollbraten (aus dem Rücken, vom Metzger eventuell die Schwarte wegschneiden und das Fleischstück zurechtschneiden lassen)
1 große Zwiebel
1 große Möhre
1 Knolle Fenchel (möglichst mit Grün)
1 EL Tomatenmark
100 ml Wermut (z. B. Noilly Prat, ersatzweise Kalbsfond)
100 ml Weißwein (ersatzweise Kalbsfond)
400 ml Kalbsfond (aus dem Glas)
Küchengarn zum Binden

Für 6 Personen
Zubereitung: 45 Min. | Garen: 1 Std. 10 Min.
Pro Portion ca. 385 kcal, 36 g E, 16 g F, 7 g KH

1 Kräuter waschen, trocken schütteln und ein paar Thymianzweige für die Sauce beiseitelegen. Von den übrigen Kräuterzweigen Blättchen abzupfen und fein hacken – es sollten ca. 1 ½ EL Majoran und Rosmarin sein und 2 EL Thymian (eventuell das Grün der Fenchelknolle ebenfalls fein hacken). Zitrone heiß waschen, abtrocknen und Schale fein abreiben. Knoblauch schälen, 2 Zehen durch die Presse drücken und mit 2 EL Öl, dem Senf, gehackten Kräutern und Zitronenschale verrühren. Fenchelsamen grob hacken, die Hälfte unter die Kräuterpaste rühren, leicht salzen und pfeffern.

2 Fleisch trocken tupfen und flach auslegen. Kräuterpaste gleichmäßig darauf verstreichen, dann Fleisch straff aufrollen und mit Küchengarn fest zu einem Rollbraten verschnüren. Braten rundherum mit Salz und Pfeffer einreiben. Zwiebel und Möhre schälen, Fenchel waschen und putzen. Alles getrennt in kleine Würfelchen schneiden. Übrigen Knoblauch in dünne Scheiben schneiden.

3 In einem Bräter übriges Öl erhitzen und den Braten rundherum bei starker Hitze anbraten, dann herausnehmen. Im Bratfett die Zwiebel ca. 1 Min. andünsten. Möhre, Fenchel, Knoblauch und restliche Fenchelsamen dazugeben und 2 – 3 Min. mitbraten. Tomatenmark unterrühren, salzen und pfeffern und kurz mitrösten. Mit der Hälfte des Wermuts ablöschen und die Flüssigkeit einkochen lassen, dann den Rest dazugießen und unter Rühren einkochen lassen. Wein und Fond angießen, beiseitegelegte Thymianzweige dazugeben und alles kurz aufkochen lassen. Hitze reduzieren und Fleisch einlegen. Bei mittlerer Hitze in ca. 1 Std. 10 Min. zugedeckt weich garen, dabei Braten ab und zu wenden.

4 Nach Garzeitende Rollbraten aus der Sauce heben und in Alufolie schlagen. Sauce durch ein feines Sieb in einen Topf gießen (dabei das Gemüse auffangen). Sauce bei starker Hitze offen ca. 5 Min. unter Rühren einkochen lassen. 4 – 5 EL vom gekochten Gemüse hineingeben und heiß werden lassen, dann Sauce mit dem Pürierstab pürieren und mit Salz und Pfeffer (und eventuell noch 1 – 2 EL Vermouth) abschmecken. Braten vom Küchengarn befreien, aufschneiden und mit Sauce servieren.

GANZ SANFT GEGART

Schinkenbraten mit Honig-Senf-Glasur

Dieser Sonntagsbraten wird ganz schonend gegart und entpuppt sich als Highlight für alle, die eine süßscharfe Note zu schätzen wissen.

1,5 kg ungekochter Schinken (gepökelt und geräuchert, mit Schwarte, ohne Knochen, beim Metzger vorbestellen)
1 große Möhre
1 Petersilienwurzel
1 Stück Lauch (ca. 100 g)
1 TL schwarze Pfefferkörner
1 TL Pimentkörner
6 Nelken
10 Wacholderbeeren
2 EL Honig
1 ½ EL scharfer Senf
Pfeffer
50 g Roh-Rohrzucker

Für 6 Personen
Zubereitung: 30 Min. | Garen: 2 Std. 10 Min.
Pro Portion ca. 380 kcal, 57 g E, 10 g F, 15 g KH

1 Schinken gut waschen, in einen Topf geben und mit Wasser bedecken, zum Kochen bringen. Inzwischen Möhre und Petersilienwurzel schälen, Lauch waschen und putzen, Gemüse in grobe Stücke schneiden. Sobald das Schinkenwasser kocht, den Schinken in ein Sieb gießen und gut abbrausen, den Topf auswaschen, dann den Schinken erneut mit ausreichend Wasser in den Topf geben. Gemüse und die ganzen Gewürze dazugeben (die Wacholderbeeren am besten vorher anquetschen) und alles bei kleiner Hitze zugedeckt ca. 1 Std. 30 Min. ganz sanft gar köcheln lassen.

2 Kurz vor Garzeitende den Backofen auf 190° vorheizen. Schinken aus der Brühe heben und leicht abkühlen lassen. Inzwischen Honig und Senf verrühren. Die Schinkenschwarte mit einem scharfen Messer abschneiden, dabei eine 5–8 mm dicke Fettschicht stehen lassen. Fett trocken tupfen und mit dem Messer rautenförmig einschneiden, dabei nicht zu tief oder gar ins Fleisch schneiden. Den Schinken mit der Fettseite nach oben in eine hitzebeständige Form oder Reine legen. Mit etwa der Hälfte des Honigsenfes bepinseln, pfeffern und mit etwa der Hälfte des Zuckers bestreuen.

3 In die Form oder Reine ca. 200 ml Kochbrühe gießen und den Schinken im Ofen (Mitte, Umluft 175°) 30–40 Min. braten, dabei nach ca. 15 Min. mit dem restlichen Honigsenf bestreichen, mit übrigem Zucker bestreuen und den Schinken im Ofen nach oben stellen (nicht zu nahe an die Heizröhren). Die Fettkruste sollte schön dunkelbraun karamellisieren, ohne dass der Zucker dabei verbrennt. Deshalb in den letzten ca. 15 Min. gut aufpassen und die Temperatur gegebenenfalls reduzieren, oder erhöhen, falls die Kruste zu wenig bräunt. Der Schinken schmeckt warm als Braten zu Rotkraut, glasiertem Möhren-Petersilienwurzel-Gemüse und Kartoffelbrei oder kleinen, in Butter gebratenen Pellkartöffelchen. Kalt und in dünne Scheiben geschnitten passt dazu auch eine Cranberry-Apfel-Sauce.

TIPP – SCHINKEN FÜR EINE GROSSE RUNDE

Wer zahlreiche Gäste bekochen oder den Schinken für ein umfangreiches Büfett zubereiten möchte, nimmt einfach ein größeres Stück. Den Schinken dann pro zusätzlichem Kilo ca. 20 Min. länger in der Brühe garen. Die Zeit im Ofen bleibt etwa gleich. Die gesiebte Kochbrühe ist übrigens eine wunderbare Eintopfgrundlage (z. B. für einen Erbseneintopf).

HERBSTLICHES HIGHLIGHT

Gänsebraten mit Kürbisknödelfüllung

In diesem Braten verbirgt sich eine überraschende, herbstliche Füllung bestehend aus Kürbis, altem Weißbrot und getrockneten Feigen.

400 g Hokkaido-Kürbis
500 g Zwiebeln
Salz
100 g getrocknete Feigen
5 Zweige Salbei
200 g altbackenes Weißbrot
200 ml Milch
2 Eier (M)
Pfeffer
gemahlener Kreuzkümmel
1 Frühmast-Gans (4 – 4 ½ kg; küchenfertig)
2 EL Sonnenblumenöl

Für 8 Personen
Zubereitung: 40 Min. | Ruhen: 30 Min. |
Garen: 3 Std. 15 Min
Pro Portion ca. 1500 kcal, 67 g E, 126 g F, 25 g KH

1 Den Kürbis waschen und halbieren, die Kerne entfernen und das Fruchtfleisch in 1 cm große Würfel schneiden. 1 Zwiebel schälen und in feine Würfel schneiden. Kürbis und Zwiebel mit 100 ml Wasser und 1 Prise Salz in einem Topf zugedeckt ca. 10 Min. dünsten. Die Feigen in Scheiben schneiden. Den Salbei abbrausen und trocken schütteln, die Blätter abzupfen, hacken und mit den Feigen zum Kürbis geben. Kurz zugedeckt weiterdünsten, bis die Flüssigkeit verdunstet ist.

2 Das Brot in dünne Scheiben schneiden. Die Milch lauwarm erhitzen, mit den Eiern verquirlen und mit Salz, Pfeffer und 1 Prise Kreuzkümmel kräftig würzen. Die Eiermilch über das Brot gießen, die Schüssel mit Klarsichtfolie verschließen und das Brot ca. 30 Min. quellen lassen.

3 Einen Bräter in den Backofen stellen (Mitte). Den Ofen auf 200° (besser: 180° Umluft) vorheizen. Die Gans innen und außen waschen und trocken tupfen. Die Flügelspitzen abschneiden. Die Haut (nicht das Fleisch) mit einer Rouladennadel rundherum einstechen. Die Gans mit Öl einreiben, innen und außen kräftig salzen. Gemüse und Brot mischen und in den Bauch füllen. Die Öffnung mit Rouladennadeln verschließen und zunähen. Die übrigen Zwiebeln schälen, vierteln und in Scheiben schneiden.

4 350 ml Wasser aufkochen und in den Bräter geben. Die Gans mit der Brustseite nach unten hineinlegen und im Ofen (Mitte) dämpfen. Nach ca. 45 Min., wenn das Wasser verdampft ist, beginnt die Gans zu braten. Ca. 1 Std. später, wenn der Rücken gebräunt ist, die Gans wenden. Nach weiteren ca. 30 Min. Flügelspitzen und Zwiebeln dazugeben und die Gans in ca. 1 Std. fertig garen. Dabei immer wieder mit Bratfett begießen. Die Gans ist gar, wenn beim Einstechen der Keulen klarer Saft herausläuft und sich das Fleisch der Keulen weich anfühlt. Die Gans auf eine Platte setzen und im ausgeschalteten Ofen bei geöffneter Tür ca. 5 Min. ruhen lassen.

5 Den Bratensatz mit etwas Wasser lösen und die Sauce in einen Topf gießen. Das Fett abschöpfen, die Sauce erhitzen und mit Salz und Pfeffer abschmecken. Die Gans tranchieren und mit der in Scheiben geschnittenen Füllung und dem Zwiebelgemüse anrichten. Dazu passt Rotkohl.

Gefüllte Lammbrust auf Gemüsebett

Durch die sanfte Garmethode wird die Lammbrust schön zart und saftig. Zusammen mit der feinen Spinat-Pilz-Füllung ein echter Hochgenuss.

Für die Füllung:
1 – 2 Lammbrüste, 1,2 kg (beim Metzger vorbestellen, einschneiden lassen; ersatzweise Lammschulter ohne Knochen)
150 g Blattspinat
2 Schalotten
100 g kleine Pfifferlinge
2 Brötchen vom Vortag
2 EL Butter
Salz | Pfeffer
150 ml Vollmilch
1 Ei
1 Eigelb
frisch geriebene Muskatnuss
3 EL Öl
Für das Gemüsebett:
3 Zwiebeln
3 Fenchelknollen
1 Knoblauchknolle
3 geschälte Tomaten aus der Dose
1 l Fleischbrühe
2 Lorbeerblätter
2 Rosmarinzweige

Für 4 Personen
Zubereitung: 1 Std. | Garen: 1 Std. 30 Min.
Pro Portion ca. 725 kcal, 52 g E, 45 g F, 29 g KH

1 Vom Blattspinat die Stiele abschneiden. Blätter waschen, in einem Sieb abtropfen lassen, grob schneiden und beiseitestellen. Schalotten schälen und fein würfeln. Pfifferlinge waschen und durch ein Küchentuch abtropfen lassen. Die Brötchen in 1 cm große Würfel schneiden.

2 In einer Pfanne 1 EL Butter erhitzen, Brötchenwürfel darin bei mittlerer Hitze goldgelb rösten, herausheben und auf Küchenpapier entfetten. Die übrige Butter schmelzen und die Schalotten darin bei geringer Hitze glasig dünsten. Pfifferlinge zugeben, mit Salz und Pfeffer würzen und bei starker Hitze ca. 2 Min. dünsten. Alles in eine Schüssel geben. In einem Topf die Milch aufkochen, sofort über die Brötchen-Pilz-Mischung gießen und ca. 10 Min. quellen lassen. Spinat, Ei und Eigelb untermischen und alles mit Salz, Pfeffer und Muskatnuss würzen. Die Masse flach in die Lammbrüste füllen und mit einem Zwirn in groben Stichen zunähen.

3 Für das Gemüsebett die Zwiebeln schälen und mit Strunk vierteln. Den Fenchel waschen, putzen und mit Strunk vierteln. Die Knoblauchknolle mit einem scharfen Messer halbieren. Den Backofen auf 190° (Umluft 170°) vorheizen.

4 In einem Bräter das Öl erhitzen und das Fleisch darin bei mittlerer Hitze von beiden Seiten hellbraun anbraten, mit Salz und Pfeffer würzen und herausnehmen. Fenchel, Zwiebeln, Knoblauch und Tomaten in den Bräter geben und in ca. 3 – 4 Min. dünsten. Fleischbrühe angießen, das Fleisch auf das Gemüse setzen und den Lorbeer einlegen. Einmal aufkochen, dann offen im Ofen (Mitte) in ca. 1 Std. 30 Min. goldbraun poelieren. Dabei alle 15 Min. mit Bratenfond begießen.

5 Das Lamm und das weiche Gemüse herausnehmen, ruhen lassen und warm stellen. Rosmarinzweige in die Sauce legen und diese bei mittlerer Hitze sämig einkochen; dann entfetten. Das Fleisch vom Zwirn befreien, in ca. 2 cm dicke Scheiben schneiden. Auf den Fleischscheiben portionsweise das Gemüse mit dem Rosmarin anrichten und etwas Sauce angießen.

KLASSIKER AUF NEUE ART

Roastbeef mit Rosmarin-Rösti

Schonend gegart wird das Roastbeef zartrosa und butterweich. Auch kalt und in hauchdünne Scheiben geschnitten schmeckt es ganz ausgezeichnet.

Für das Roastbeef:
1,2 kg Roastbeef
Salz
Pfeffer
1 EL mittelscharfer Senf
2 EL Öl
Für die Rösti:
1 kg vorwiegend fest kochende Kartoffeln
3 Zweige Rosmarin
Salz
Pfeffer
Muskatnuss, frisch gerieben
3 – 4 EL Butterschmalz

Für 8 Personen
Zubereitung: 50 Min. | Garen: 3 Std.
Pro Portion ca. 320 kcal, 36 g E, 13 g F, 15 g KH

1 Backofen mit ofenfester Form auf 80° vorheizen. Fleisch von Sehnen und Häutchen befreien, kräftig salzen und pfeffern und mit dem Senf einreiben. Roastbeef im heißen Öl rundherum (auch an den Enden) ca. 10 Min. anbraten. In die Form setzen und nach Wunsch ca. 2 Std. 30 Min. (blutig) oder ca. 3 Std. (rosa) im Ofen garen.

2 Für die Rösti Kartoffeln waschen und mit Wasser bedeckt in ca. 20 Min. knapp gar kochen. Abgießen und auskühlen lassen.

3 Ca. 30 Min. vor Ende der Fleisch-Garzeit Kartoffeln pellen und grob raspeln. Rosmarin waschen, Nadeln abzupfen, fein hacken und untermischen. Alles mit Salz, Pfeffer und Muskat würzen.

4 Jeweils 1 EL Schmalz in einer großen Pfanne erhitzen. Pro Rösti je 1 gehäuften EL Kartoffelmischung hineingeben, flach drücken. Rösti in 3 – 4 Portionen jeweils bei mittlerer Hitze pro Seite ca. 3 Min. goldbraun braten. Auf eine Platte geben und im Backofen warm halten, bis alle Rösti gebraten sind.

5 Roastbeef in ½ cm dicke Scheiben schneiden und zusammen mit den Rosmarin-Rösti servieren.

ROASTBEEF COOL SERVIERT

Roastbeef schmeckt auch kalt ganz ausgezeichnet. Reststück fest in Alufolie wickeln und in den Kühlschrank geben. Zum Servieren in dünne Scheiben schneiden.

REMOULADENSAUCE AUS DEM GLAS

Wenn mehr Zeit ist, Roastbeef mit Paprika-Nuss-Sauce servieren. Ein feuriges Geschmackserlebnis! Dazu 2 rote Paprikaschoten halbieren, putzen, waschen und auf einem Blech unter dem Backofengrill 8 – 10 Min. grillen, bis die Haut schwarze Blasen bekommt. Inzwischen 1 Scheibe altbackenes Weißbrot (50 g) und 2 geschälte Knoblauchzehen in 2 EL Olivenöl goldbraun braten.Paprika häuten und fein würfeln. Je 20 Haselnusskerne und Walnusshälften, Brot, Knoblauch und 1 EL edelsüßes Paprikapulver im Mörser zerstoßen. Paprikawürfelchen untermischen. Sauce mit Salz und 1 – 2 EL Zitronensaft abschmecken.

SCHMECKT AUCH KALT

Knuspriges Kräuterhuhn aus dem Ofen

Durch die Massage mit der selbst gemachten Kräuterbutter wird das Fleisch schön saftig und nimmt die Aromen der Kräutermischung optimal auf.

1 Hähnchen oder Poularde (ca. 1,6 kg)
50 g gemischte Kräuter (besonders empfehlenswert: Thymian, Petersilie und Basilikum sowie 1 großer Stängel Melisse)
6 Stängel Petersilie
1 Knoblauchzehe
75 g weiche Butter
Salz
Pfeffer
½ TL edelsüßes Paprikapulver

Für 4 Personen
Zubereitung: 15 Min. | Garen: 1 Std.
Pro Portion ca. 660 kcal, 61 g E, 45 g F, 2 g KH

1 Den Backofen auf 200° vorheizen. Das Hähnchen oder die Poularde innen und außen waschen, dann gut trocken tupfen. Die Haut vorsichtig vom Fleisch lösen (aber nicht abtrennen), indem man mit den Fingern oder einem Kochlöffelstiel zwischen Haut und Fleisch entlang fährt.

2 Die gemischten Kräuter waschen und trocken schütteln, die Blättchen von den Stängeln zupfen und möglichst fein hacken. Petersilie waschen, trocken schütteln und ganz lassen. Den Knoblauch schälen und durch die Presse drücken. 50 g Butter in ein Schälchen geben, salzen, pfeffern und mit den gehackten Kräutern und dem Knoblauch mit einer Gabel gründlich vermengen. Die Kräuterbutter unter die Hähnchen- oder Poulardenhaut schieben und von außen durch leichtes Drücken und Massieren möglichst gleichmäßig verteilen – vor allem auf der Brust und den Keulen.

3 Das Hähnchen oder die Poularde innen salzen und pfeffern und die Petersilie in den Bauch stecken. Keulen und Flügel eventuell mit Küchengarn zusammenbinden. Restliche Butter in einem Töpfchen schmelzen, mit Salz, Pfeffer und Paprikapulver würzen, dann das Hähnchen oder die Poularde rundherum damit bestreichen, nochmals salzen und pfeffern.

4 Hähnchen oder Poularde mit der Brustseite nach oben auf einen Backrost legen und in den Ofen (Mitte, Umluft 180°) schieben, dabei ein Blech als Tropfschutz unter den Rost schieben. Das Huhn ca. 1 Std. garen, dabei eventuell ein- bis zweimal mit der übrigen Würzbutter oder Bratenflüssigkeit bestreichen.

5 Zum Prüfen, ob das Huhn gar ist, mit einem spitzen Messer am Keulenansatz ein wenig einstechen – ist der austretende Fleischsaft klar und nicht mehr trübe, ist das Huhn gar. Am besten schmeckt es frisch aus dem Ofen nur mit knusprigem Baguette und einem grünen Salat dazu. Bleibt etwas übrig, kommt es am nächsten Tag kalt auf einen üppigen Salat.

STEAKS, SCHNITZEL & CO.

Kurzgebratenes aus der Pfanne: von Klassikern wie Wiener Schnitzel bis zu originellen Neukreationen wie Rehmedaillons mit Schokosauce.

Steak-Spieße mit Äpfeln und Rotweinsauce

Diese leckeren Spieße mit Rindersteak, Schweinesteak und Räucherspeck harmonisieren wunderbar mit gebratenen Äpfeln und feiner Rotweinsauce.

250 g Rindersteak (z. B. aus der Hüfte)
250 g Schweinesteak
4 EL Olivenöl
Steakpfeffer
1/8 TL gemahlener Koriander
einige Zweige Estragon
75 g durchwachsener Räucherspeck am Stück
Salz
2 kleine rotschalige Äpfel
1 rote Zwiebel
1 EL brauner Zucker
400 ml trockener Rotwein
3 EL kalte Butter
3 – 4 EL trockener Portwein (nach Belieben)
Außerdem:
Schaschlikspieße aus Holz oder Metall

Für 4 Personen
Zubereitung: 30 Min. | Marinieren: 1 – 2 Std.
Pro Portion ca. 585 kcal, 24 g E, 41 g F, 12 g KH

1 Das Fleisch nach Belieben kalt abbrausen, gut trocken tupfen und mundgerecht würfeln. Das Olivenöl mit Steakpfeffer und Koriander verrühren und das Fleisch darin wenden. Den Estragon kalt waschen und trocken schütteln. Einige Blättchen fein hacken und unter das Fleisch mischen. Nach Belieben 1 – 2 Std. zugedeckt marinieren.

2 Speck von Schwarte und Knorpeln befreien und in dünne Scheiben schneiden. Abwechselnd mit mariniertem Fleisch auf Spieße reihen und salzen.

3 Eine breite schwere Pfanne erhitzen. Die Spieße hineinlegen und rundherum scharf anbraten. Die Hitze reduzieren und die Spieße offen noch 6 – 8 Min. braten, dabei ab und zu wenden.

4 Die Äpfel waschen und gut abreiben. Vierteln und entkernen, dann die Viertel in Scheiben schneiden. Die Zwiebel schälen und ganz fein würfeln.

5 Die Spieße aus der Pfanne nehmen und zugedeckt warm stellen. Die Zwiebelwürfel in die Pfanne geben und goldbraun anbraten. Den Zucker darüberstreuen und leicht karamellisieren lassen, dann den Wein angießen und den Bratensatz unter Rühren lösen. Die Sauce bei starker Hitze auf die Hälfte einkochen.

6 Inzwischen in einer kleinen beschichteten Pfanne 1 EL Butter aufschäumen lassen. Die Äpfel darin 2 – 3 Min. braten, zwischendurch wenden und mit Steakpfeffer würzen. Beiseitestellen.

7 Den Portwein nach Belieben unter die Sauce rühren. Die restliche kalte Butter in kleinen Stücken unterschlagen, damit die Sauce leicht bindet. Abschmecken und mit den Spießen und den Äpfeln anrichten.

PASSENDE BEGLEITER

Kartoffeln passen gut zu diesen edlen Spießen. Da Fleisch und Sauce kräftig sind, vertragen auch die Knollen reichlich Würze, sodass Bratkartoffeln besser passen als Salzkartoffeln. Bereiten Sie doch eine Kartoffelpfanne zu: 750 g Kartoffeln schälen und in 2 – 3 cm große Würfel schneiden, in einer breiten Pfanne in Olivenöl anbraten. Nach Belieben zusätzlich Zwiebelwürfel oder klein geschnittene Schalotten mit anbraten. Mit Salz und Pfeffer würzen und unter häufigem Wenden bei schwacher bis mittlerer Hitze ca. 30 Min. braten.

AUS ITALIEN BLITZSCHNELL

Lamm-Saltimbocca

200 g Pfifferlinge | 4 Zweige Thymian | 2 Knoblauchzehen | 8 dünne Scheiben Lammkeule (etwa 600 g) | Salz | Pfeffer | 8 runde Scheiben Pancetta | 1 EL Öl | 1 EL Butter | 1 Schuss trockener Weißwein

Für 4 Personen
Zubereitung: 20 Min.
Pro Portion ca. 455 kcal, 35 g E, 34 g F, 1 g KH

1 Pfifferlinge putzen, größere Pilze halbieren. Thymian waschen, Blätter abstreifen. Knoblauch schälen und in Scheiben schneiden. Lammfleisch leicht salzen und pfeffern, mit Knoblauch belegen. Darauf je 1 Pancettascheibe mit Zahnstochern feststecken.

2 Öl mit Butter erhitzen. Saltimbocca darin bei starker Hitze pro Seite ca. 2 Min. braten. Warm halten. Pilze mit Thymian im Bratfett ca. 2 Min. braten. Wein angießen. Salzen, pfeffern und über das Fleisch verteilen.

Zitronen-Schnitzel

4 dünne Kalbsschnitzel (à 125 g) | 1 TL Zitronenöl (aromatisiertes Olivenöl) | 1 große Bio-Zitrone | 3 EL Butter | Salz | 2 EL Mehl | 200 ml Weißwein (ersatzweise Apfelsaft)

Für 4 Personen
Zubereitung: 20 Min.
Pro Portion ca. 300 kcal, 27 g E, 14 g F, 9 g KH

1 Die Schnitzel quer halbieren und ganz dünn klopfen. Trocken tupfen und auf beiden Seiten mit dem Zitronenöl bestreichen. Die Zitrone heiß waschen und die Schale mit einem Zestenreißer abziehen. Die Zitrone auspressen.

2 Erst eine Pfanne, dann die Butter erhitzen. Die Schnitzel salzen und in Mehl wenden. In der heißen Butter bei mittlerer Hitze pro Seite 3 – 4 Min. braten. Zitronensaft, Weißwein und die Zitronenschale in die Pfanne zu den Schnitzeln geben und einmal aufkochen lassen. Abschmecken und servieren.

UNVERGLEICHLICH SAFTIG

Gratinierte Kalbsmedaillons

300 g Champignons oder Egerlinge | 1 EL Zitronensaft | 2 Frühlingszwiebeln | 2 Tomaten | 6 EL Raps- oder Olivenöl | Salz | Pfeffer | ½ Bund Petersilie | 2 Zweige Thymian | 50 g Semmelbrösel | 2 EL frisch geriebener Parmesan oder Bergkäse | 1 EL körniger Senf | 8 Scheiben Kalbsfilet oder -lende (je etwa 3 cm dick und 80 g schwer) | 2 EL Butter

Für 4 Personen
Zubereitung: 40 Min.
Pro Portion ca. 415 kcal, 30 g E, 24 g F, 12 g KH

1 Backofen auf 220° vorheizen (auch schon jetzt einschalten: Umluft 200°). Pilze mit einem feuchten Küchenpapier abreiben und die Enden abschneiden. Die Pilze in knapp 1 cm dicke Scheiben schneiden und mit dem Zitronensaft mischen, damit sie nicht zu braun werden. Frühlingszwiebeln putzen, waschen und je einmal längs und quer durchschneiden. Die Tomaten waschen oder häuten (vorher mit kochendem Wasser übergießen und kurz ziehen lassen) und würfeln, dabei die Stielansätze herausschneiden.

2 Die Pilze in einer ofenfesten Form mit Frühlingszwiebeln, Tomaten und 2 EL Öl mischen, salzen und pfeffern. In den Ofen schieben und ca. 15 Minuten vorgaren.

3 Inzwischen die Kräuter waschen und trocken schütteln, Blättchen abzupfen oder -streifen und sehr fein hacken. Mit Semmelbröseln, Käse, Senf und übrigem Öl verrühren, mit Salz und Pfeffer würzen. Die Kalbsmedaillons salzen und pfeffern.

4 Butter in einer Pfanne zerlassen. Die Kalbsmedaillons darin bei starker Hitze pro Seite ca. 1 Minute braten. Die Form aus dem Ofen holen, die Medaillons nebeneinander auf die Pilze legen. Semmelbröselmasse darauf verteilen und leicht andrücken. Mit etwas Butter aus der Pfanne beträufeln. Fleisch im Ofen (Mitte) ca. 5 Minuten gratinieren, bis die Kruste schön braun ist. Dazu gibt es einfach Brot und Blattsalat.

GEFÜLLT UND PANIERT

Cordon bleu

Zart schmelzender Käse und feiner, magerer Schinken verstecken sich im Inneren der knusprig panierten Kalbsschnitzel. Besser geht's nicht!

4 dünne Kalbsschnitzel aus der Oberschale (je ca. 150 g)
Salz
weißer Pfeffer
4 dünne Scheiben gekochter Schinken
4 Scheiben Emmentaler
3 EL Mehl
2 Eier
2 EL Sahne oder Milch
75 g Semmelbrösel
2 Bio-Zitronen zum Servieren
Außerdem:
Holz- oder Metallspießchen
ca. 250 g Schweine- oder Butterschmalz zum Braten

Für 4 Personen
Zubereitung: 40 Min.
Pro Portion ca. 610 kcal, 58 g E, 32 g F, 8 g KH

1 Die Kalbsschnitzel nach Belieben kalt abwaschen, auf jeden Fall gut trocken tupfen. Die Schnitzel nacheinander in einem Gefrierbeutel oder zwischen zwei Lagen Frischhaltefolie gleichmäßig flach klopfen, bis sie nur knapp ½ cm dick sind.

2 Die Schnitzel mit Salz und Pfeffer würzen. Schinken- und Käsescheiben darauflegen, eventuell zuerst etwas kleiner schneiden oder zusammenfalten – sie dürfen nicht über das Fleisch hinausreichen. Die Schnitzel in der Mitte zusammenklappen und die Ränder mit den Spießchen zustecken.

3 Auf einem Teller das Mehl mit Salz und Pfeffer vermischen. Auf einem zweiten (tiefen) Teller die Eier mit der Sahne oder der Milch mit einer Gabel gut verquirlen. Die Semmelbrösel auf einen dritten Teller geben.

4 Die gefüllten Schnitzel zuerst im Mehl, dann in den Eiern und zuletzt in den Semmelbröseln wenden. Die Panade andrücken und darauf achten, dass auch die Ränder der Fleischtaschen gut eingehüllt sind.

5 Das Schmalz ca. 1 cm hoch in einer großen oder zwei Pfannen nicht zu stark erhitzen. Die gefüllten Schnitzel hineinlegen und von jeder Seite 4–5 Min. goldbraun braten. Herausheben und auf Küchenpapier entfetten. Die Zitronen heiß waschen, abtrocknen und in Spalten schneiden, zu den Schnitzeln servieren.

PASSENDE BEGLEITER

Dazu passen gemischter Blattsalat und Salzkartoffeln, aber auch Pommes frites oder Kartoffelsalat.

FÜR DEN BESONDEREN GENUSS

Extrazarte Filetsteaks vom Rind

4 Scheiben Rinderfilet (je 2 ½–3 cm dick, ca. 160 g schwer, aus der Mitte geschnitten)
2 EL Öl
Salz
Pfeffer

Für 4 Personen
Zubereitung: 20 Min.
Pro Portion ca. 240 kcal, 34 g E, 11 g F, 0 g KH

1 Die Filetscheiben gleichmäßig dick drücken. Pfanne bei starker Hitze heiß werden lassen, Öl dazugeben, dann die Hitze leicht reduzieren.

2 Die Filetsteaks in die Pfanne geben und auf jeder Seite ca. 1 Minute braten. Dann auf einen vorgewärmten Teller legen und mit einem zweiten Teller abdecken, ca. 5 Minuten ruhen lassen. Pfanne vom Herd ziehen.

3 Die Pfanne wieder auf den Herd stellen. Die Steaks salzen, pfeffern, in die Pfanne legen und pro Seite noch einmal ca. 1 Minute (rare), ca. 2 Minuten (medium) oder ca. 3 Minuten (well done) braten. Steaks wieder auf den Teller legen, abdecken und noch einmal ca. 5 Minuten ruhen lassen, bevor sie auf gut vorgewärmten Tellern serviert werden, am besten mit der Estragon-Pfeffer-Sauce.

DAZU: ESTRAGON-PFEFFER-SAUCE

1 TL Zucker in einem Topf schmelzen, 3 TL grüne Pfefferkörner (frisch oder aus dem Glas) dazugeben. Mit 50 ml Noilly Prat (Vermouth), Sherry oder weißem Portwein (ersatzweise Fond) ablöschen, 200 ml Rinder- oder Kalbsfond angießen und alles bei starker Hitze auf die Hälfte einkochen lassen. 40 g kalte Butterflöckchen unterschlagen, 2 EL fein gehackten Estragon und 2 EL Sahne unterrühren, mit Salz und Zitronensaft abrunden.

MIT ORIENTALISCHEM TOUCH

Lammkoteletts mit Joghurt-Mandel-Marinade

6 Stängel Minze
10 Stängel Koriandergrün
½ Bio-Limette
1 Knoblauchzehe
3 EL gehäutete gemahlene Mandeln
250 g Naturjoghurt
1 TL gemahlener Kreuzkümmel
Salz
Pfeffer
Chilipulver
12 Lammkoteletts (je ca. 90 g)

Für 6 Personen
Zubereitung: 15 Min. | Marinieren: 2 Std. | Grillen: 10 – 15 Min.
Pro Portion ca. 485 kcal, 42 g E, 34 g F, 3 g KH

1 Die Kräuter waschen und trocken schütteln, Blättchen von den Stängeln zupfen und fein hacken. Limette heiß waschen und abtrocknen, die Schale fein abreiben und 1 EL Saft auspressen. Den Knoblauch schälen und durch die Presse drücken.

2 Alle vorbereiteten Zutaten mit den Mandeln unter den Joghurt rühren. Kräftig mit Kreuzkümmel, Salz, Pfeffer und Chili würzen. Die Marinade mit den Lammkoteletts in eine flache Schüssel geben und gut mischen, sodass die Koteletts mit Marinade bedeckt sind. Zugedeckt im Kühlschrank ca. 2 Std. durchziehen lassen.

3 Den Gas- oder Holzkohlengrill gut anheizen. Die Lammkoteletts und die Marinade noch einmal durchmengen, damit die Koteletts rundherum voller Marinade sind. Dann auf dem Grillrost (am besten in der Alu-Grillschale) mit ca. 15 cm Abstand zur Hitzequelle 10 – 15 Min. grillen, dabei ab und zu wenden.

IM NU GEZAUBERT

Putenschnitzel in Pilz-Thymiansauce

Wer nicht viel Zeit hat, liegt mit diesem Gericht genau richtig. Im Nu gezaubert, überzeugt es mit viel Geschmack und minimalem Aufwand.

20 g getrocknete Steinpilze
100 ml Gemüsebrühe
400 g gemischte Pilze (z. B. Champignons, Pfifferlinge oder Kräutersaitlinge)
1 Zwiebel
2 Putenschnitzel (à ca. 150 g)
5 Zweige Thymian (z. B. Zitronenthymian)
2 EL Öl
Salz
Pfeffer
3 TL pflanzlicher Champignon-Aufstrich (aus dem Reformhaus)
1 TL Mehl
200 ml Milch
1 TL Zitronensaft

Für 2 Personen
Zubereitung: 35 Min.
Pro Portion ca. 365 kcal, 46 g E, 16 g F, 9 g KH

1 Steinpilze in der Brühe ca. 15 Min. einweichen. Pilze putzen, nach Bedarf mit einem Tuch abreiben und je nach Größe kleiner schneiden. Zwiebel schälen und fein würfeln. Putenschnitzel waschen, trocken tupfen. Thymian waschen, trocken tupfen, Blättchen abzupfen und hacken.

2 Öl in einer beschichteten Pfanne erhitzen. Schnitzel darin von jeder Seite bei starker Hitze 2–3 Min. goldbraun braten. Mit Salz und Pfeffer würzen und aus der Pfanne nehmen.

3 Frische Pilze in dem heißen Bratfett ca. 5 Min. bei starker Hitze unter Wenden braten. Zwiebel zugeben und kurz mitbraten. Mit Salz und Pfeffer würzen. Herausnehmen. Eingeweichte Steinpilze mit der Flüssigkeit in die Pfanne geben, Bratensatz ablösen und aufkochen lassen.

4 Aufstrich, Mehl und Milch verquirlen, zu den Pilzen geben und unter Rühren bei mittlerer Hitze aufkochen. Thymian zugeben und ca. 2 Min. köcheln lassen. Sauce mit Zitronensaft, Salz und Pfeffer abschmecken. Schnitzel samt entstandenem Bratensaft und Pilze in die Sauce geben und darin erwärmen. Dazu passt eine Wildreismischung.

TIPP

Sie können den pflanzlichen Pilzaufstrich auch selbst herstellen. Hierfür 500 g Champignons säubern, halbieren und in 1 EL Olivenöl anbraten. 1 kleine Zwiebel schälen und sehr fein gehackt zu den Pilzen geben. 1 geschälte Knoblauchzehe fein würfeln und mit 1 TL getrockneten Thymian zufügen. Zum Schluss 1 Bund Basilikum waschen, trocken schütteln, die Blätter abzupfen und fein hacken. Basilikum zugeben und mit Salz und Pfeffer abschmecken. Pilze vom Herd nehmen und mit dem Stabmixer pürieren. Nach und nach Olivenöl zugeben, sodass eine feine, streichfähige Creme entsteht. In vorher abgekochte Gläser abgefüllt, hält sich der Aufstrich im Kühlschrank ca. 2-3 Wochen.

ÜBERRASCHEND FRUCHTIG

Schweinekoteletts mit Orangen

4 Schweinekoteletts oder Schweinenackensteaks
Chilipulver
2 EL Olivenöl
1 saftige Bio-Orange
1 saftige Orange
Salz
1 EL kleine Kapern

Für 4 Personen
Zubereitung: 15 Min.
Pro Portion ca. 270 kcal, 26 g E, 16 g F, 6 g KH

1 Koteletts mit Chilipulver würzen. In einer Pfanne das Öl erhitzen und die Koteletts bei mittlerer Hitze ca. 10 Min. braten, ab und zu umdrehen.

2 Inzwischen die Bio-Orange waschen, die Schale dünn abschneiden und fein hacken. Von beiden Orangen die Schalen so abschneiden, dass auch die weiße Haut mit entfernt wird. Das Fruchtfleisch in dünne Scheiben schneiden und entkernen.

3 Das Fleisch salzen. Die Orangenscheiben mit Schale und Kapern in die Pfanne geben und ca. 2 Min. mitbraten.

VARIANTE – ENTENBRUST MIT ORANGEN

Statt Schweinekoteletts kann man je nach Geschmack verschiedenste Fleischsorten verwenden, so z. B. Hühnerbrüste oder Putenschnitzel. Besonders gut zu Orangen passt jedoch Entenbrust. Für diese Variante 2 Entenbrustfilets à 350 g verwenden. Die Entenbrusthaut rautenförmig einschneiden und die Filets erst auf der Hautseite, dann auf der Fleischseite in einer Pfanne ohne Fett jeweils kurz anbraten. Mit Salz und Pfeffer würzen. Entenbrustfilets in den vorgeheizten Ofen (Umluft 180°) geben und ca. 20 Min. garen. Danach Ente aus dem Ofen holen und ca. 5 Min. ruhen lassen. Inzwischen Orangen und Kapern wie im Rezept vorbereiten und in der Pfanne kurz anbraten. Entenbrustfilet in Scheiben schneiden und mit Orangen-Kapern-Sauce servieren.

KLASSIKER AUS ITALIEN

Saltimbocca alla romana

500 g Kalbsnuss am Stück
weißer Pfeffer
4 dünne Scheiben Parmaschinken
3 – 4 Zweige Salbei
2 EL Butter
Salz
125 ml trockener Weißwein (ersatzweise Kalbsfond)
125 ml Kalbsfond
1 Bio-Zitrone zum Servieren
Außerdem:
Holz- oder Metallspießchen

Für 4 Personen
Zubereitung: 30 Min.
Pro Portion ca. 235 kcal, 33 g E, 9 g F, 1 g KH

1 Das Kalbfleisch gut trocken tupfen. In 8 kleine, dünne Scheiben schneiden, diese mit einem breiten Messerrücken flach streichen oder einzeln zwischen zwei Lagen Frischhaltefolie oder in einem Gefrierbeutel flach klopfen. Die Scheiben leicht pfeffern.

2 Die Schinkenscheiben halbieren und jeweils eine halbe Scheibe auf jedes Kalbsschnitzel legen. Den Salbei waschen und trocken schütteln, je 1 Blatt auf die Schinkenscheiben legen, übrige Blätter zum Garnieren beiseitelegen. Salbei und Schinken mit den Spießchen am Fleisch feststecken.

3 Die Butter in einer breiten Pfanne aufschäumen lassen. Die Schnitzelchen darin von jeder Seite 1 – 2 Min. braten. Leicht salzen, aus der Pfanne nehmen und zugedeckt warm stellen.

4 Den Weißwein in die Pfanne gießen und den Bratensatz unter Rühren loskochen. Bei starker Hitze fast völlig einkochen lassen. Dann den Kalbsfond angießen und auch diesen noch ein wenig einkochen lassen. Die Zitrone heiß waschen, abtrocknen und in Spalten schneiden. Die Sauce mit Salz und Pfeffer abschmecken und zu den Schnitzelchen servieren. Mit den übrigen Salbeiblättern bestreuen und mit den Zitronenspalten anrichten.

Wildschweinschnitzelchen mit Wintersalaten

Das mild-aromatische Fleisch schmeckt erstklassig, nicht nur als großer Braten, vor allem auch als Schnitzel oder Saté.

4 Zweige Thymian
2 TL Wacholderbeeren
1 Bio-Orange
1 Petersilienwurzel
1 Knoblauchzehe
200 g Wintersalate (z. B. Endivie, Radicchio, Feldsalat, Frisée)
6 EL Weißbrotbrösel
Salz
Pfeffer
4 EL Mehl
2 Eier (M)
600 g Wildschweinrücken
6 EL Olivenöl
100 ml Gemüsebrühe
3 EL Weißweinessig
2 – 3 EL Butterschmalz

Für 4 Personen
Zubereitung: 35 Min.
Pro Portion ca. 575 kcal, 38 g E, 33 g F, 22 g KH

1 Den Thymian abbrausen und trocken schütteln, die Blättchen abstreifen und mit den Wacholderbeeren fein hacken. Die Orange heiß waschen und abtrocknen, die Schale fein abreiben, den Saft auspressen. Die Petersilienwurzel schälen und in möglichst kleine Würfel schneiden. Den Knoblauch schälen und fein hacken. Salate putzen, waschen und trocken schleudern, große Salatblätter in mundgerechte Stücke zupfen.

2 Die Brotbrösel mit Orangenschale, Wacholder und Thymian mischen, kräftig mit Salz und Pfeffer würzen. Mehl und Brotbröselmischung jeweils in einen tiefen Teller geben. Die Eier in einen dritten tiefen Teller schlagen und mit einer Gabel verquirlen. Den Wildschweinrücken in kleine dünne Scheiben schneiden und erst im Mehl, dann in den Eiern und zum Schluss in den Gewürzbröseln wenden.

3 In einer großen Pfanne 2 EL Olivenöl erhitzen. Darin Petersilienwurzel und Knoblauch bei mittlerer Hitze ca. 5 Min. dünsten. Mit der Brühe und dem Orangensaft aufgießen und in weiteren ca. 5 Min. einkochen. Die Mischung aus der Pfanne in ein Schüsselchen gießen, mit Essig und dem restlichen Olivenöl verrühren. Die Vinaigrette mit Salz und Pfeffer abschmecken.

4 Die Pfanne mit Küchenpapier auswischen, zurück auf den Herd stellen und das Schmalz darin schmelzen lassen. Darin die vorbereiteten Schnitzel in ca. 3 Min. goldbraun braten, dabei einmal wenden. Auf Küchenpapier abtropfen lassen. Den Salat mit der Petersilienwurzelvinaigrette vermischen und mit den Wildschweinschnitzelchen anrichten.

TIPP

Wer kein Wildschweinfleisch bekommt, nimmt stattdessen einfach einen normalen Schweinerücken. Daraus wie beschrieben die Schnitzelchen zubereiten und mit dem Salat servieren. Schmeckt fast genauso gut.

Indisches Lamm-Kebab

750 g mageres Lammfleisch ohne Knochen (Lende oder ausgelöste Keule)
1 TL Cayennepfeffer
Salz
2 Zwiebeln
4 Knoblauchzehen
30 g frischer Ingwer
200 g stichfester Vollmilch-Joghurt
½ TL gemahlener Kreuzkümmel
½ TL frisch geriebene Muskatnuss
¼ TL gemahlene Muskatblüte (Macis, Gewürzregal)
1 Bund Petersilie

Außerdem:
Öl zum Bestreichen
Spieße

Für 4 Personen:
Zubereitung: 30 Min. | Marinieren: 3 Std.
Pro Portion: ca. 435 kcal, 38 g E, 28 g F, 6 g KH

1 Das Lammfleisch trockentupfen und in 3 cm große Würfel schneiden. Cayennepfeffer mit etwas Salz mischen, das Fleisch damit einreiben. Zwiebeln, Knoblauch und Ingwer schälen, grob zerschneiden und im Blitzhacker oder Mixer fein pürieren. Mit Joghurt und Gewürzen verrühren. Die Fleischwürfel unter den Joghurt mischen und zugedeckt ca. 3 Std. im Kühlschrank marinieren.

2 Den Holzkohlengrill anheizen. Die Fleischwürfel abtropfen lassen und auf geölte Grillspieße stecken. Die Petersilie waschen, trockenschütteln und grob hacken. Den Grillrost heiß werden lassen, ölen und die Spieße bei mittlerer Hitze rundum ca. 15 Min. grillen, bis das Fleisch außen knusprig, innen aber noch rosig ist. Die Spieße auf Tellern anrichten und mit gehackter Petersilie bestreuen. Dazu schmeckt Fladenbrot.

ZART UND FEIN IM GESCHMACK

Hirschmedaillons mit Walnusshaube

8 Medaillons vom Hirschkalb (je ca. 100 g)
8 dünne Scheiben Frühstücksspeck (Bacon)
Salz
Pfeffer
3 Schalotten
2 Scheiben Toast (vom Vortag)
50 g Walnusskerne
50 g Butter
3 EL gehackte Petersilie
1 TL gehackter Thymian
2 EL Sonnenblumenöl
frisch geriebene Muskatnuss
Küchengarn

Für 4 Personen
Zubereitung: 45 Min.
Pro Portion ca. 625 kcal, 46 g E, 47 g F, 5 g KH

1 Die Medaillons leicht flach drücken. Je 1 Scheibe Speck fest rings um die Medaillons wickeln und mit Küchengarn gut festbinden. Beidseitig salzen und pfeffern. Schalotten schälen und fein würfeln. Toast in einem elektrischen Blitzhacker zerkrümeln, herausnehmen. Die Walnüsse im Blitzhacker nicht zu fein hacken.

2 In einer kleinen Pfanne 1 EL Butter schmelzen lassen. Darin die Schalotten bei mittlerer Hitze in 8 – 10 Min. goldgelb dunsten. Kräuter unterrühren, vom Herd nehmen, Toast und Nüsse untermischen, leicht abkühlen lassen.

3 Backofen auf 200° vorheizen. Öl und 1 EL Butter in einer hitzebeständigen Pfanne erhitzen, Medaillons darin pro Seite ca. 2 Min. bei großer Hitze anbraten, vom Herd nehmen. Übrige Butter mit der Nussmasse vermengen und mit Salz, Pfeffer und Muskat würzen. Die Masse gleichmäßig auf den Medaillons verteilen und zu kleinen Hauben festdrücken. Die Medaillons im Ofen (Mitte, Umluft nicht empfehlenswert) ca. 5 Min. braten, bis die Walnusshaube goldbraun ist. Dazu passt Polenta und Rosenkohl oder Rotkraut.

WÜRZIG UND GEHALTVOLL

Überbackene Hähnchenschnitzel

Zartes Hähnchen, kräftiger Gorgonzola und knackiges Gemüse – die ideale Kombination für Feinschmecker und Genussmenschen aller Art.

350 g Möhren
2 kleine Zucchini
1 Bund Frühlingszwiebeln
3 Knoblauchzehen
einige Zweige frischer Thymian (ersatzweise 1 – 2 TL getrockneter)
8 kleine Hähnchenschnitzel (je ca. 70 g)
Pfeffer
3 EL Olivenöl
Salz
175 ml trockener Weißwein (ersatzweise Geflügelfond)
150 g Gorgonzola
125 g Crème fraîche
4 EL grob geriebener Parmesan
Schnittlauchröllchen zum Bestreuen

Für 4 Personen
Zubereitung: ca. 30 Min.
Pro Portion ca. 635 kcal, 44 g E, 44 g F, 9 g KH

1 Die Möhren und die Zucchini waschen, putzen und in kleine Würfel schneiden. Die Frühlingszwiebeln waschen, putzen und in sehr feine Ringe schneiden. Den Knoblauch schälen und hacken. Den Thymian waschen, trocken schütteln und die Blättchen abzupfen.

2 Den Backofen auf 220° (Umluft 200°) vorheizen. Die Hähnchenschnitzel kalt abwaschen, trocken tupfen und flach klopfen. Von beiden Seiten pfeffern. 2 EL Olivenöl in einer breiten Pfanne erhitzen, die Schnitzel darin von jeder Seite ca. 20 Sek. goldbraun anbraten. Die Schnitzel herausnehmen und leicht überlappend in eine breite ofenfeste Form legen.

3 Den übrigen EL Olivenöl in der Pfanne erhitzen und die Möhrenwürfel darin kurz unter Rühren anbraten. Dann die Zucchiniwürfel, die Zwiebelringe und den Knoblauch dazugeben, alles unter Rühren ca. 2 Min. braten, mit Salz und Pfeffer würzen.

4 Mit dem Weißwein ablöschen. Thymian, Gorgonzola und die Crème fraîche einrühren und alles unter Rühren ca. 5 Min. köcheln, bis der Käse geschmolzen und die Sauce etwas eingekocht ist.

5 Das Gemüse abschmecken und über die Hähnchenschnitzel in der Form geben. Den geriebenen Parmesan darüberstreuen und alles im heißen Ofen (oberes Drittel) ca. 10 Min. überbacken. Zum Servieren den Schnittlauch aufstreuen.

PASSENDE BEGLEITER

Gut passen beispielsweise Ciabatta oder Stangenweißbrot – damit lässt sich die Sauce wunderbar auftunken. Aber auch kleine Kartoffeln sind eine perfekte Beilage.

BEQUEME GARMETHODE

Lendensteaks vom Rind

4 Scheiben Rinderlende (je 2 ½–3 cm dick und etwa 180 g schwer, heißen auch Rumpsteak)
2 EL Öl
Salz
Pfeffer
2 EL Butter

Für 4 Personen
Zubereitung: 25 Min.
Pro Portion ca. 315 kcal, 40 g E, 17 g F, 0 g KH

1 Backofen auf 200° vorheizen (auch schon jetzt einschalten: Umluft 180°). Die Fleischscheiben mit Küchenpapier gut trocken tupfen. Falls das Fett am Rand noch dran ist, mit einem Messer einschneiden (nicht ins Fleisch schneiden!), damit es sich beim Braten nicht zusammenzieht und das Fleisch sich aufbiegt.

2 Pfanne bei starker Hitze heiß werden lassen, das Öl dazugeben, dann die Hitze leicht reduzieren. Die Lendensteaks einlegen und ca. 1 Minute braten, umdrehen und noch einmal ca. 1 Minute braten. Die Steaks aus der Pfanne nehmen, salzen und pfeffern.

3 Pfanne vom Herd ziehen und die Butter darin schmelzen lassen. Die Steaks wieder einlegen, mit Butter beschöpfen und in der Pfanne in den Ofen (Mitte) schieben. Nach Geschmack ca. 3 (rare), 4 ½ (medium) oder 6 (well done) Minuten garen.

4 Steaks in Alufolie wickeln, 2 – 3 Minuten ruhen lassen. Dann auf vorgewärmten Tellern anrichten und servieren.

VARIANTE: ZWIEBEL-ROSTBRATEN

300 g Zwiebeln schälen und in feine Ringe schneiden. Die Steaks wie beschrieben braten, warm halten. In einer Pfanne 1 EL Öl und 1 EL Butter erhitzen, Zwiebelringe untermischen und auseinanderlösen. Bei mittlerer Hitze ca. 5 Minuten braten, bis sie braun und knusprig werden. Salzen, pfeffern und auf den Steaks verteilen.

MIT MOZZARELLA ÜBERBACKEN

Putenschnitzel »Caprese«

1 Zwiebel
1 Knoblauchzehe
2 Fleischtomaten
2 Putenschnitzel (à ca. 150 g)
2 EL Olivenöl
Salz
Pfeffer
125 g Mozzarella
1 EL Pinienkerne
1 TL Aceto balsamico
3–4 Stiele Basilikum

Für 2 Personen
Zubereitung: 35 Min.
Pro Portion 465 kcal, 50 g E, 27 g F, 5 g KH

1 Zwiebel und Knoblauch schälen. Die Zwiebel in feine Spalten, Knoblauch würfeln. Die Tomaten waschen, in Scheiben schneiden und Stielansätze dabei entfernen.

2 Putenschnitzel waschen, trocken tupfen. 1 EL Öl in einer beschichteten Pfanne erhitzen. Fleisch darin bei mittlerer Hitze von beiden Seiten 2–3 Min. goldbraun braten. Mit Salz und Pfeffer würzen. Herausnehmen und in eine flache Auflaufform legen.

3 Restliches Öl in der heißen Pfanne erhitzen. Zwiebel und Knoblauch darin kurz andünsten, Tomatenscheiben dazugeben und kurz von beiden Seiten anbraten. Mit Salz und Pfeffer würzen. Die Pfanne vom Herd nehmen.

4 Mozzarella abtropfen lassen und in Scheiben schneiden. Tomaten, Mozzarella und Pinienkerne auf die Schnitzel verteilen. Unter dem heißen Backofengrill (oben) 3–5 Min. überbacken.

5 Basilikum waschen, trocken tupfen, Blättchen abzupfen und grob hacken. Putenschnitzel aus dem Ofen nehmen, mit Balsamico-Essig beträufeln und mit Basilikum bestreuen. Dazu schmeckt italienisches Ciabatta.

Wiener Schnitzel

Das echte Wiener Schnitzel ist aus der Kalbskeule geschnitten und kommt heiß aus der Pfanne, garniert mit Petersilie und Zitrone, auf den Tisch.

4 dünne Kalbsschnitzel (à ca. 125 g)
Salz
Pfeffer
2 Eier (S)
2 EL Milch
4 EL Mehl
8 EL Semmelbrösel
2 Zitronen
1 Bund krause Petersilie
ca. 150 g Butterschmalz zum Braten

Für 4 Personen
Zubereitung: 35 Min.
Pro Portion ca. 420 kcal, 35 g E, 18 g F, 29 g KH

1 Die Schnitzel mit Küchenpapier trocken tupfen und leicht klopfen, sie sollen überall ca. ½ cm dick sein. Eventuell den Rand mit einem scharfen Messer mehrmals leicht einkerben, damit sich die Schnitzel beim Braten nicht wölben. Mit wenig Salz und Pfeffer würzen.

2 In einem tiefen Teller die Eier mit der Milch und einer Prise Salz verquirlen. Das Mehl und die Semmelbrösel jeweils auf einem flachen Teller ausstreuen. Die Zitronen vierteln. Die Petersilie waschen, trocken schütteln und harte Stiele entfernen.

3 Eine große Pfanne erhitzen, in der die Schnitzel nebeneinander ausreichend Platz haben. Auf mittlerer Stufe gut 1 cm hoch Butterschmalz heiß werden lassen. Die Schnitzel nacheinander in Mehl wenden, überschüssiges Mehl abschütteln, dann durch die verquirlten Eier ziehen und in den Semmelbröseln wenden. Die Brösel nur leicht andrücken, überschüssige vorsichtig abschütteln.

4 Eine Schnitzelecke ins heiße Fett halten. Wenn es kräftig brutzelt, die Schnitzel in die Pfanne legen und pro Seite in 3–4 Min. goldgelb bis hellbraun braten, dabei die Pfanne ab und zu leicht rütteln. Zum Wenden am besten zwei Pfannenheber benutzen, damit das Fett nicht aus der Pfanne spritzt.

5 Die fertig gebratenen Schnitzel aus dem Fett heben und auf Küchenpapier kurz abtropfen lassen. Auf Tellern anrichten und mit Zitronenvierteln und Petersilie garniert servieren.

ORIGINAL-TIPP

Auf Altwienerisch werden die Schnitzel in heißem Schweineschmalz gebraten, was die rösche Kruste und den herzhaften Geschmack ergibt. Zur Verfeinerung werden sie hinterher noch einmal in heißer Butter gewendet. Statt der etwas umständlichen Prozedur einfach gleich Butterschmalz nehmen.

UND DAZU?

Keine Frage: hier passt nur Salat – ein saftiger Kartoffelsalat, sahniger Gurkensalat oder schlicht ein gemischter Salat mit Essig und Öl.

FÜR EXPERIMENTIERFREUDIGE

Rehmedaillons mit Schokosauce

1 Zwiebel | 2 Knoblauchzehen | 1 – 2 rote Chilischoten | 2 EL Öl | 200 ml trockener Rotwein | 125 ml Wild- oder Kalbsfond (aus dem Glas) | 8 Scheiben Rehrückenfilet (je 2 – 3 cm dick, etwa 80 g schwer, aus der Mitte geschnitten) | Salz | Pfeffer | 2 EL Crème fraîche | 70 g Zartbitterschokolade | 1 ½ EL Preiselbeeren (aus dem Glas)

Für 4 Personen
Zubereitung: 30 Min.
Pro Portion ca. 410 kcal, 38 g E, 20 g F, 10 g KH

1 Backofen auf 180° vorheizen (auch schon jetzt einschalten: Umluft 160°). Die Zwiebel und den Knoblauch schälen und fein würfeln. Chilischoten waschen und den Stiel abschneiden, Schoten samt den Kernen in feine Ringe schneiden.

2 In einem Topf 1 EL Öl erhitzen. Zwiebel, Knoblauch und Chili darin andünsten. Mit Wein und Fond aufgießen und die Sauce offen in ca. 6 Minuten bei mittlerer Hitze auf die Hälfte einköcheln lassen.

3 Die Rehmedaillons mit Salz und Pfeffer würzen. Restliches Öl in einer ofenfesten Pfanne erhitzen, die Fleischscheiben darin bei starker Hitze auf jeder Seite ca. 1 Minute anbraten. Die Pfanne in den Ofen (Mitte) schieben, Medaillons 6 – 7 Minuten garen.

4 Inzwischen die Sauce durch ein Sieb gießen, auffangen, wieder in den Topf geben, erhitzen. Die Crème fraîche unterrühren, Schokolade in Stücken darin bei schwacher Hitze schmelzen lassen. Preiselbeeren untermischen, Sauce mit Salz abschmecken. Medaillons auf vorgewärmte Teller setzen, mit der Sauce umgießen. Dazu passen Spätzle oder Kartoffelnudeln.

DAZU: SPÄTZLE

375 g Mehl mit 1 TL Salz, 250 ml Wasser und 3 Eiern (M) zu einem zähen Teig verrühren. Nach und nach mit dem Spätzlehobel in kochendes Salzwasser hobeln. Sobald die Spätzle aufsteigen, herausheben.

FÜR HACK-FLEISCH-FANS

Fleischpflanzerl

2 altbackene Brötchen | 250 ml Milch | 2 Zwiebeln | ½ Bund Petersilie | 400 g gemischtes Hackfleisch | 2 Eier (M) | 1 EL scharfer Senf | Salz | Pfeffer | 1 TL edelsüßes Paprikapulver | 1 EL Butter | 1 EL Öl

Für 4 Personen
Zubereitung: 40 Min.
Pro Portion ca. 465 kcal, 29 g E, 31 g F, 17 g KH

1 Die Brötchen in Scheiben schneiden und in eine Schüssel legen. Die Milch lauwarm erhitzen und darübergießen. Ca. 10 Minuten stehen lassen.

2 Inzwischen Zwiebeln schälen und sehr fein würfeln. Petersilie abbrausen und trocken schütteln, Blättchen abzupfen und ebenfalls fein hacken.

3 Hackfleisch, Eier und Senf mit Petersilie, Zwiebeln, Salz, Pfeffer und Paprika in eine Schüssel füllen. Brötchen ausdrücken und dazugeben. Alles gründlich durchkneten, bis der Fleischteig gut zusammenhält. In 12 – 16 Portionen teilen und jede zu einem gut 1 cm dicken Pflanzerl formen.

4 In einer großen Pfanne Butter und Öl heiß werden lassen. Hitze auf mittlere Stufe schalten. Pflanzerl einlegen und ca. 12 Minuten braten, nach etwa der Hälfte der Zeit umdrehen. Dazu Kartoffelsalat oder Brot, einen Salat und noch mehr scharfen Senf servieren.

BASIC-TIPPS

Hackfleisch muss ganz frisch sein, hört man immer wieder. Und das stimmt auch, denn wenn Fleisch so fein zerkleinert wird, ist die Angriffsfläche für Bakterien groß, und es kann schnell schlecht werden. Deshalb lässt man sich das Fleisch am besten direkt beim Metzger durchdrehen. Weiterer Vorteil: Jeder kann sich das Fleischstück, das zerkleinert werden soll, aussuchen und sieht gleich, wie viel Fett drin steckt. Und wer keinen Metzger findet, der Lamm, Kalb & Co. frisch »hackt«, schneidet es mit dem Messer winzig klein. Immer wichtig: Vor allem wenn Schweinefleisch mit von der Partie ist, sollten die Pflanzerl ganz durchgebraten werden!

PERFEKT ABGESTIMMT

Lammfilets mit Minze-Petersilien-Sauce

Lamm und Minze harmonisieren ganz hervorragend miteinander. Die Kräuter geben diesem raffinierten Gericht einen echten Frischekick.

1 Bund Minze
½ Bund Petersilie
1 Knoblauchzehe
½ Bio-Zitrone
250 g Kefir
3 EL Crème double
Salz
Pfeffer
1 Prise Chilipulver
800 g kleine, junge Möhren
1 Schalotte
3 EL Butter
125 ml Gemüsebrühe
frisch gemahlene Muskatnuss
2 EL Olivenöl
750 g Lammfilets oder -lachse

Für 4 Personen
Zubereitung: 40 Min.
Pro Portion ca. 430 kcal, 42 g E, 20 g F, 12 g KH

1 Die Kräuter waschen und trocken schütteln, Blättchen von den Stängeln zupfen und grob hacken. Knoblauch schälen und durch die Presse drücken. Die Zitrone heiß waschen und abtrocknen, ca. 2 Msp. Schale fein abreiben, den Saft auspressen.

2 Die Hälfte des Kefirs mit den Kräutern und dem Knoblauch mit dem Pürierstab pürieren, anschließend den übrigen Kefir und die Crème double unterrühren und alles schön glatt rühren. Die Zitronenschale und ca. 1 TL Zitronensaft unter die Sauce rühren, mit Salz, Pfeffer und Chilipulver abschmecken und kühl stellen.

3 Die Möhren schälen und ganz lassen. Die Schalotte schälen und fein würfeln. Die Hälfte der Butter in einem Topf schmelzen lassen. Darin die Schalotte andünsten, die Möhren dazugeben, kurz mitdünsten, salzen und pfeffern. Gemüsebrühe angießen und die Möhren zugedeckt ca. 8 Min. bei mittlerer Hitze garen. Mit ein paar Spritzern Zitronensaft und Muskat abschmecken und warm halten.

4 Das Öl in einer beschichteten Pfanne mit der übrigen Butter erhitzen. Darin das Lammfleisch rundherum bei mittlerer Hitze braun anbraten. Pfanne vom Herd nehmen und das Fleisch noch ca. 1 Min. in der Pfanne nachziehen lassen, dann salzen und pfeffern. Das Fleisch mit den Möhren anrichten, die Sauce dazugeben und sofort servieren. Dazu schmecken junge Kartoffeln oder auch mal nur ofenfrisches Baguette.

FÜR FLEISCH-LIEBHABER

Ribeyesteak mit Pfeffer-Tomaten

200 g Kirschtomaten | 10 Zweige Majoran | 4 EL eingelegter grüner Pfeffer | 4 Ribeyesteaks (je 160 – 220 g) | 2 EL Olivenöl | Salz | Pfeffer | 125 ml Rinderfond | 2 EL Weinbrand (nach Belieben)

Für 4 Personen
Zubereitung: ca. 20 Min.
Pro Portion ca. 370 kcal, 38 g E, 21 g F, 1 g KH

1 Kirschtomaten waschen und halbieren. Majoran waschen und trocken schütteln, die Blättchen abzupfen. Den grünen Pfeffer abtropfen lassen.

2 Die Ribeyesteaks trocken tupfen. Den Fettrand mit einem scharfen Messer mehrmals bis knapp an das Fleisch heran einschneiden.

3 Das Olivenöl in einer breiten, schweren Pfanne erhitzen. Die Steaks darin von jeder Seite ca. 1 Min. scharf anbraten. Von jeder Seite bei reduzierter Hitze noch 2 – 3 Min. braten, zwischendurch mit Salz und Pfeffer würzen. Die Steaks herausnehmen und in Alufolie gewickelt ca. 5 Min. nachziehen lassen.

4 Den Fond in die Pfanne gießen und den Bratensatz unter Rühren lösen. Etwas einkochen lassen, dann nach Belieben den Weinbrand dazugießen. Tomaten, Majoranblättchen und den grünen Pfeffer dazugeben und 1 – 2 Min. unter Rühren erwärmen. Mit Salz und Pfeffer würzen, die Steaks kurz wieder dazugeben. Alles zusammen anrichten.

PASSENDE BEGLEITER

Stangenweißbrot oder Baguette passen zu den saftigen Steaks ebenso gut wie Kartoffeln. Wenn Sie genug Zeit haben, können Sie Ofenkartoffeln zubereiten: Dafür 4 möglichst gleich große Kartoffeln von je 200 – 300 g gründlich waschen und in Alufolie wickeln. Bei 200° im Backofen knapp 1 Std. garen. Mit einem Spieß prüfen, ob die Knollen weich sind. Lieber frühzeitig in den Ofen legen – sie bleiben lange heiß und können gut auf die Zubereitung der Steaks warten. Umgekehrt geht's nicht – fertige Steaks müssen sofort auf den Tisch.

PERFEKT KOMBINIERT

Hühnerschnitzelchen in Olivenbutter

60 g entsteinte schwarze oder grüne Oliven | 2 Knoblauchzehen | 4 Stängel Petersilie | ½ Bio-Zitrone | 600 g Hähnchenbrustfilet | Salz | Pfeffer | 50 g Butter

Für 4 Personen
Zubereitung: 20 Min.
Pro Portion ca. 275 kcal, 35 g E, 14 g F, 2 g KH

1 Die Oliven mittelgrob hacken. Den Knoblauch schälen, in dünne Scheiben schneiden und noch mal grob drüberhacken. Petersilie abbrausen und trocken schütteln, Blättchen abzupfen und grob schneiden. Die Zitrone heiß waschen und die Schale fein abreiben.

2 Das Hähnchenfleisch kalt abspülen und trocken tupfen. Jedes Brustfilet der Länge nach in 3–4 dünne Schnitzelchen schneiden. Jeweils auf beiden Seiten leicht salzen und pfeffern.

3 In einer Pfanne 3 EL Butter bei starker Hitze zerlassen. Auf mittlere Hitze zurückschalten und die Hähnchenschnitzel einlegen. Ca. 1 Minute braten, umdrehen und noch mal so lange braten.

4 Die Schnitzel aus der Pfanne nehmen. Die restliche Butter im Bratfett schmelzen lassen. Oliven, Knoblauch und Petersilie dazugeben und ca. 1 Minute unter Rühren anbraten. Zitronenschale untermischen, Schnitzel noch mal in der würzigen Butter wenden und auf vorgewärmten Tellern servieren. Dazu schmecken Bratkartoffeln oder Brot und ein Salat, z. B. Radicchio und Feldsalat mit Orangenstückchen.

SCHMOR-GERICHTE & EINTÖPFE

Echtes Slow Food mit hohem Genussfaktor! Die langen Garzeiten machen sich bezahlt: Genießen Sie herrlich zartes Fleisch und wunderbar würzige Saucen.

DEFTIG UND WÜRZIG

Schweinegulasch aus der Haxe

Die selbst gemachte Gewürzpaste aus Zitrone, Knoblauch, Kümmel und Butter eignet sich hervorragend zum Anbraten von feinen Schnitzeln und Steaks.

1,5 kg ausgelöste Schweinehaxe ohne Schwarte (beim Metzger vorbestellen)
1,5 kg Zwiebeln
50 ml Olivenöl
2 geschälte Tomaten (Dose)
1 EL edelsüßes Paprikapulver
Salz | Pfeffer
50 ml Apfelessig
1,5 l Gemüsebrühe
1 Lorbeerblatt
½ Bio-Zitrone
1 Knoblauchzehe
½ TL Kümmel
½ TL weiche Sauerrahmbutter
½ mehligkochende Kartoffel

Für 4 - 6 Personen
Zubereitung: 45 Min. | Schmoren: 1 Std. 20 Min.
Pro Portion ca. 635 kcal, 51 g E, 40 g F, 14 g KH

1 Das Fleisch in ca. 4 cm große Würfel schneiden. Die Zwiebeln schälen und klein würfeln. Den Ofen auf 190° (Umluft 170°) vorheizen.

2 In einem Bräter das Olivenöl erhitzen, die Zwiebelwürfel darin bei mittlerer Hitze unter Rühren anbraten. Die Tomaten grob würfeln und dazugeben. Mit Paprikapulver, Salz und Pfeffer würzen und weitere 2 Min. rösten. Mit dem Apfelessig ablöschen und diesen in ca. 1 Min. ganz einkochen. Die Fleischwürfel in den Bräter geben und ca. 5 Min. braten. Die Gemüsebrühe dazugießen und aufkochen lassen.

3 Das Gulasch in den Ofen (Mitte) stellen und offen ca. 1 Std. 20 Min. schmoren. Nach der Hälfte der Garzeit das Lorbeerblatt zugeben. Ca. alle 15 Min. vorsichtig umrühren und bei Bedarf noch Gemüsebrühe dazugießen. Das Fleisch ist gar, wenn es mit einer Bratnadel leicht einzustechen ist.

4 Die Zitronenhälfte heiß waschen, abtrocknen, die Schale dünn abschneiden und in ca. 2 mm kleine Würfelchen schneiden. Knoblauch abziehen und vierteln. In einer Schüssel die Zitronenschale, Knoblauch und Kümmel mit der weichen Butter zu einer Paste vermischen.

5 Das Gulasch aus dem Ofen nehmen und auf dem Herd bei mittlerer Hitze köcheln lassen. Nach Geschmack mit der Gewürzpaste würzen und mit Salz und Pfeffer abschmecken. Für eine sämige Konsistenz die rohe Kartoffel schälen, fein raspeln und einrühren. Nochmals aufkochen und servieren.

TIPP

Haxe, Schulter oder auch der Schweinebauch sind ideal für ein Schweinegulasch. Auch Hals oder Nacken eignen sich. Diese stärker marmorierten Teile sollte man jedoch immer im Ganzen und am Knochen braten.

Tafelspitz mit Meerrettichsauce

Der original Tafelspitz wird mit einer Schnittlauchsauce serviert. Die Variante mit scharfem Meerrettich gibt dem Wiener Klassiker eine pikante Note.

Für den Tafelspitz:
750 g Rinderbeinscheiben
3 Rindermarkknochen (ca. 450 g)
1 Zwiebel
3 Möhren
2 Petersilienwurzeln
1 Stück Knollensellerie (ca. 80 g)
½ Stange Lauch
1 Lorbeerblatt
1 TL schwarze Pfefferkörner
5 Stängel Petersilie
Salz | Pfeffer
1,2 kg Tafelspitz
Für die Sauce:
1 Stück Meerrettich (ca. 75 g)
1 EL frisch gepresster Zitronensaft
½ Bund Schnittlauch
100 g Butter
80 ml Weißwein (ersatzweise Kochbrühe vom Tafelspitz)
3 Eigelb (M)
Salz | Pfeffer
frisch geriebene Muskatnuss

Für 4 Personen
Zubereitung: 45 Min. | Garen: 5 Std.
Pro Portion ca. 665 kcal, 48 g E, 44 g F, 19 g KH

1 Für den Tafelspitz Beinscheiben und Knochen abbrausen und in einem Topf mit Wasser begießen, dass alles gut bedeckt ist. Aufkochen, dann alles in ein Sieb gießen, Knochen und Beinscheiben gut abbrausen, Topf sauber spülen. Knochen und Beinscheiben mit 2 l frischem Wasser in den Topf geben, aufkochen und bei mittlerer Hitze ca. 15 Min. kochen lassen, dabei immer wieder den aufsteigenden Schaum mit einem Löffel abnehmen, damit die Brühe nicht trüb wird.

2 Inzwischen Zwiebel waschen, quer halbieren, mit den Schnittflächen nach unten in eine Pfanne legen und bei großer Hitze dunkelbraun rösten, herausnehmen. 2 Möhren und 1 Petersilienwurzel beiseitelegen, restliches Gemüse waschen und putzen oder schälen und in grobe Stücke schneiden. Geröstete Zwiebel, Gemüsestücke, Lorbeerblatt und Pfefferkörner mit in den Topf geben, alles zugedeckt ca. 2 Std. bei kleiner Hitze köcheln lassen. Petersilie abbrausen, zur Brühe geben, mit Salz und Pfeffer würzen und weitere 30 – 45 Min. garen.

3 Beinscheiben und Knochen aus der Brühe heben, Brühe durch ein Sieb in einen zweiten Topf gießen und aufkochen. Restliche Möhren und Petersilienwurzel schälen und in 5 mm dicke Scheiben schneiden. Tafelspitz mit den Gemüsescheiben in die Brühe geben und bei kleiner Hitze ca. 2 Std. 15 Min. zugedeckt garen.

4 Für die Sauce Meerrettich schälen und fein reiben, sofort mit Zitronensaft mischen. Schnittlauch abbrausen, trocken schütteln und in Röllchen schneiden. Butter schmelzen und warm halten. Wein und Eigelbe in einer Schüssel verrühren. Dann über einem heißen Wasserbad mit dem Schneebesen in 5 – 8 Min. cremig aufschlagen, zum Schluss Butter tröpfchenweise unterrühren. Meerrettich und Schnittlauch unter die Sauce mischen, mit Salz, Pfeffer und Muskat abschmecken.

5 Den fertigen Tafelspitz aus der Brühe heben und kurz ruhen lassen, dann in dünne Scheiben schneiden und in der Brühe warm halten. Tafelspitzscheiben auf Teller geben und nach Belieben ein wenig Brühe, Möhren- und Petersilienwurzelscheiben darüberlöffeln. Mit Meerrettichsauce servieren.

INDISCHER EINTOPF

Lammcurry

600 g Lammfleisch (Keule)
3 – 4 EL rote Currypaste
1 Stück Ingwer (etwa 2 cm)
4 Knoblauchzehen
3 Zwiebeln
500 g Tomaten
3 EL Öl
Salz
Pfeffer
1 Bund Basilikum
2 EL Cashewnüsse

Für 4 Personen
Zubereitung: 20 Min. | Marinieren: 1 Std. |
Schmoren: 50 Min
Pro Portion ca. 375 kcal, 32 g E, 22 g F, 11 g KH

1 Das Lammfleisch 3 cm groß würfeln, dabei alle Sehnen und zu dicke Fettstücke wegschneiden. Die Fleischwürfel mit der Currypaste mischen und ca. 1 Std. zugedeckt im Kühlschrank marinieren lassen.

2 Den Ingwer schälen und fein hacken. Knoblauch und Zwiebeln schälen und klein würfeln. Die Tomaten waschen und grob würfeln, dabei die Stielansätze entfernen.

3 Öl in einem Topf oder Wok erhitzen. Ingwer, Zwiebeln und Knoblauch darin anbraten, bis alles leicht gebräunt ist. Das Fleisch dazugeben und bei mittlerer Hitze ca. 10 Min. braten, dabei gelegentlich umrühren. Die Tomaten dazugeben, mit Salz und Pfeffer würzen und das Curry zugedeckt bei geringer Hitze ca. 50 Min. schmoren lassen. Ab und zu umrühren.

4 Am Ende der Schmorzeit Basilikumblättchen abzupfen und in Stücke reißen. Nüsse grob hacken und in einer Pfanne ohne Fett rösten, bis sie duften. Basilikum mit dem Lammcurry mischen, mit Salz und Pfeffer abschmecken. Lammcurry auf Teller verteilen und mit den Nüssen bestreuen.

FRAN-
ZÖSISCH-
ASIATISCHE
LIAISON

Geschmorter Schweinebauch

4 Scheiben Schweinebauch (ohne Schwarte, je ca. 200 g)
Salz | Pfeffer
1 EL Öl
ca. 500 ml trockener Cidre
4 Knoblauchzehen
1 EL brauner Zucker
1 EL Reisessig oder Aceto balsamico
je 1 TL rosenscharfes Paprikapulver, Currypulver, Ingwerpulver, gemahlener Koriander und Kreuzkümmel

Für 4 Personen
Zubereitung: 20 Min. | Schmoren: 2 Std.
Pro Portion ca. 635 kcal, 37 g E, 45 g F, 9 g KH

1 Die Schweinebauchscheiben salzen und pfeffern. Das Öl in einem Schmortopf erhitzen und die Scheiben darin nacheinander von beiden Seiten bei starker Hitze gut anbraten und wieder herausnehmen. Das Fett aus dem Topf gießen.

2 Cidre in den Topf gießen. Knoblauch schälen und dazupressen. Zucker, Essig und alle Gewürze dazugeben und Fleischscheiben wieder einlegen.

3 Die Hitze auf kleine Stufe stellen und den Deckel auflegen. Das Fleisch 1 ½ – 2 Stunden schmoren, bis es sehr weich und die Flüssigkeit schön sämig ist. Zwischendurch nachschauen, ob noch genug Flüssigkeit im Topf ist. Bei Bedarf etwas Cidre (oder auch Wasser) angießen.

4 Dann das Fleisch aus dem Topf heben und auf Teller legen. Verbliebene Sauce eventuell leicht salzen, auf dem Fleisch verteilen. Gleich auf den Tisch stellen. Dazu schmecken Bratkartoffeln oder Reisnudeln und ein erfrischender Salat.

DAZU: RETTICHSALAT

1 weißen Rettich schälen und zuerst in feine Scheiben, dann in dünne Streifen schneiden. 3 – 4 cm frischen Ingwer schälen, klein würfeln oder durch die Presse drücken. Mit 1 TL Honig, 1 EL Reisessig und 2 EL Öl verrühren, mit den Rettichstiften mischen und mit Salz abschmecken. Mit Schnittlauchröllchen bestreuen.

BELIEBTER DAUER-BRENNER

Rinderrouladen mit Rosenkohlpüree

Die feine Laugenstangenfüllung bringt Abwechslung auf den Teller und das cremige Rosenkohlpüree passt hervorragend zur kräftigen Schmorsauce.

Für die Rouladen:
2 Laugenstangen (vom Vortag)
3 Zwiebeln
1 Knoblauchzehe
½ Bund glatte Petersilie
1 EL Butter | 150 ml Milch
1 EL scharfer Senf
1 Ei (M)
Salz | Pfeffer
4 große, dünne Scheiben Rindfleisch (je ca. 160 g, aus der Oberschale)
2 Möhren | 1 Petersilienwurzel
2 EL Öl
1 EL Tomatenmark
500 ml dunkles Bier
Für das Püree:
1 kg Rosenkohl
Salz
200 g geräucherter Speck
2 Zwiebeln
1 EL Butter
400 g Sahne
Pfeffer | frisch geriebene Muskatnuss
Außerdem:
Rouladennadeln
Küchenmaschine mit Schneideeinsatz

Für 4 Personen
Zubereitung: 2 Std.
Pro Portion ca. 1240 kcal, 57 g E, 89 g F, 35 g KH

1 Für die Rouladen Laugenstangen in Scheiben schneiden und in eine Schüssel geben. Zwiebeln und Knoblauch schälen, 1 Zwiebel und Knoblauch fein würfeln, restliche Zwiebeln achteln. Petersilie abbrausen und trocken schütteln, Blättchen abzupfen und hacken. In einer Pfanne Zwiebel- und Knoblauchwürfel in Butter ca. 3 Min. dünsten, Milch dazugießen und erwärmen. Milch über die Laugenstangen gießen, Senf und Petersilie dazugeben, alles vermischen und ca. 30 Min. ziehen lassen. Dann Ei unterkneten und Füllung mit wenig Salz und Pfeffer würzen.

2 Füllung auf den Fleischscheiben verstreichen und von der Schmalseite aufrollen. Rouladen mit Rouladennadeln fixieren und mit Salz und Pfeffer würzen. Backofen auf 200° (Umluft 180°) vorheizen, einen Bräter auf den Ofenboden stellen. Möhren und Petersilienwurzel schälen und grob würfeln. Öl in Bräter geben, darin Rouladen, Zwiebelachtel, Möhren und Petersilienwurzel von allen Seiten ca. 15 Min. anbraten. Tomatenmark dazugeben, weitere 5 Min. braten und mit der Hälfte des Biers ablöschen. Nach ca. 10 Min. restliches Bier dazugießen und Rouladen ca. 30 Min. schmoren lassen.

3 In der Zwischenzeit für das Püree Rosenkohl putzen und in Salzwasser ca. 10 Min. kochen. Inzwischen Speck in dünne Streifen schneiden, Zwiebeln schälen und klein würfeln. Rosenkohl abgießen, abschrecken, abtropfen lassen und grob hacken. Kohl in einer Küchenmaschine fein pürieren. Butter in einem Topf schmelzen lassen, Speck und Zwiebeln ca. 3 Min. braten. Rosenkohl und Sahne dazugeben, ca. 5 Min. bei mittlerer Hitze erwärmen. Mit Salz, Pfeffer und Muskat abschmecken. Rouladen aus dem Ofen nehmen. Schmorfond in einen Topf umfüllen, nach Belieben mit einem Stabmixer pürieren, aufkochen und mit Salz und Pfeffer abschmecken. Nadeln aus den Rouladen entfernen. Rouladen mit Rosenkohlpüree und Schmorsauce servieren.

ASIATISCH FRISCH

Hühnertopf mit Gemüse

1 kleine Poularde (ca. 1,1 kg) | 2 Stangen Lauch | 1 Stück frischer Ingwer (ca. 4 cm) | 1 Bio-Limette | 1 getrocknete Chilischote | Salz | 250 g Spinat oder Mangoldblätter | 2 Stangen Staudensellerie | 2 Möhren | 100 g Zuckerschoten | 200 g kleine Champignons oder Egerlinge | 4 EL Sojasauce | Koriander- oder Basilikumblättchen zum Bestreuen

Für 4 Personen
Zubereitung: 45 Min. | Garen: 1 Std.
Pro Portion ca. 365 kcal, 51 g E, 13 g F, 10 g KH

1 Poularde abbrausen und in einen Topf legen. Mit Wasser bedecken und zum Kochen bringen.

2 In der Zwischenzeit Lauch putzen, Stangen längs aufschneiden, gründlich waschen und in größere Stücke schneiden. Ingwer schälen und in feine Scheiben schneiden. Limette heiß waschen, Schale dünn abschneiden. Das alles mit Chili zum Huhn geben, salzen. Hitze klein schalten, Kochlöffel an den Topfrand legen, den Deckel auflegen. Huhn ca. 1 Stunde garen.

3 Spinat oder Mangold verlesen, dicke Stiele abknipsen. Blätter waschen, abtropfen lassen, eventuell klein schneiden. Sellerie waschen, putzen und in Scheiben schneiden. Möhren schälen und in kurze Stifte schneiden. Zuckerschoten waschen und die Enden abschneiden. Pilze putzen und halbieren oder vierteln.

4 Huhn aus der Brühe nehmen und kurz abkühlen lassen, dann häuten. Fleisch in Stücken von den Knochen lösen. Brühe durchs Sieb gießen und 1 l davon wieder in den Topf geben und erhitzen (Rest der Brühe einfrieren). Darin Möhren, Sellerie und die Zuckerschoten ca. 2 Minuten sprudelnd kochen. Dann Pilze und Spinat oder Mangold dazugeben und 2 – 3 Minuten weitergaren. Etwas Limettensaft in den Hühnertopf pressen, mit Sojasauce abschmecken. Hühnerfleisch einlegen und wieder heiß werden lassen. Vor dem Servieren Kräuter aufstreuen.

FEURIG SCHARF

Firehouse Chili con carne

4 Putenschnitzel (à ca. 125 g) | 2 grüne Paprikaschoten | 4 Zwiebeln | 2 Knoblauchzehen | 1 EL Öl zum Braten | 125 ml helles mildes Bier (ersatzweise Gemüsebrühe) | 10 reife Tomaten (ca. 600 g) | 2 Dosen rote Kidney-Bohnen (à 400 ml) | 2 EL Tomatenmark | 1 EL Chili-con-carne-Gewürzmischung | Salz | Pfeffer | Cayennepfeffer | Tabascosauce

Für 4 Personen
Zubereitung: 45 Min.
Pro Portion ca. 615 kcal, 62 g E, 4 g F, 82 g KH

1 Die Schnitzel mit Küchenpapier trocken tupfen und in ganz kleine Würfel schneiden. Die Paprikaschoten waschen, putzen und klein würfeln. Die Zwiebeln und den Knoblauch schälen, die Zwiebeln grob, den Knoblauch fein hacken.

2 Eine Schmorpfanne und dann das Öl darin erhitzen. Die Schnitzelwürfel bei mittlerer bis starker Hitze unter Rühren in ca. 5 Min. rundum kräftig bräunen. Paprikawürfel, Zwiebeln und Knoblauch zugeben, das Bier angießen und alles ca. 15 Min. bei schwacher Hitze offen schmoren.

3 Inzwischen die Tomaten überbrühen, häuten, halbieren und entkernen, das Fruchtfleisch klein würfeln, dabei die Stielansätze entfernen. Die Bohnen in ein Sieb abgießen, überbrausen und abtropfen lassen. Bohnen, Tomaten und Tomatenmark unter das Fleisch mischen. Mit den Gewürzen so scharf wie beliebt abschmecken. Alles noch ca. 10 Min. durchziehen lassen. Mit Weißbrot und einem kühlenden Salat servieren.

PERFEKT GEWÜRZT

Ochsenschulter-Ragout in Rotwein

Besonders in der kalten Jahreszeit schmeckt dieses kräftige Ragout ganz wunderbar. Als Beilage passen sehr gut Kartoffelknödel oder Bandnudeln.

Für das Ragout:
2 Möhren
½ Sellerieknolle
3 Zwiebeln
½ säuerlicher Apfel
2 EL Olivenöl
1,2 kg flache Ochsenschulter (in ca. 5 cm großen Würfeln)
3 geschälte Tomaten (Dose)
2 Knoblauchzehen
8 Schweinefußscheiben à 60 g (je 3 cm dick; beim Metzger vorbestellen)
600 ml kräftiger Rotwein
600 ml Fleischbrühe
Salz
2 EL Zucker
2 Lorbeerblätter
5 Pimentkörner
Pfeffer
1 TL Weizenstärke
1 EL Sauerrahmbutter
Für die Garnitur:
1 Rosmarinzweig
100 g Champignons
4 Scheiben Frühstücksspeck

Für 4 Personen
Zubereitung: 45 Min. | Schmoren: 2 Std. 15 Min.
Pro Portion ca. 815 kcal, 70 g E, 55 g F, 11 g KH

1 Möhren und Sellerie waschen und schälen. Zwiebeln schälen, und mit den Möhren und dem Sellerie in 2 cm große Würfel schneiden. Den Apfel waschen, vierteln, das Kerngehäuse entfernen und die Fruchtviertel würfeln.

2 In einem Bräter 2 EL Olivenöl erhitzen, die Fleischwürfel darin rundum scharf anbraten, herausnehmen und beiseitestellen.

3 Gemüsewürfel im Bräter bei mittlerer Hitze braun rösten, Tomaten dazugeben und auch braun rösten. Mit ca. 50 ml Wasser ablöschen, den Bratensatz lösen und ganz einkochen. Den Vorgang wiederholen. Den Ofen auf 200° (Umluft 180°) vorheizen. Apfelwürfel, ungeschälten Knoblauch, Rindfleischwürfel und Schweinefußscheiben einlegen. Rotwein und Fleischbrühe angießen, bei mittlerer Hitze ca. 10 Min. köcheln und dabei entstehende Trübstoffe abschöpfen. Mit Salz und Zucker würzen. Offen im Ofen (Mitte) in ca. 1 Std. 30 Min. weich schmoren. Die Fleischwürfel herausnehmen und zugedeckt warm stellen. Lorbeerblätter und Pimentkörner in die Sauce geben. Die Schweinefüße noch ca. 45 Min. im Ofen weich schmoren. Herausnehmen und warm stellen.

4 Die Sauce durch ein Sieb in einen Topf gießen, bei mittlerer Hitze sämig einkochen und am Rand entfetten. Mit Salz und Pfeffer würzen. Weizenstärke in wenig kaltem Wasser anrühren und zum Binden in die Sauce geben. Aufkochen und die Butter einschwenken. Die Rindfleischwürfel und Schweinefüße in die Sauce legen und warm stellen.

5 Rosmarin waschen und trocken schütteln. Champignons putzen, entstielen und vierteln. In einer Pfanne Speck beidseitig kross braten, herausnehmen und warm stellen. Im Fett Champignons scharf anbraten und pfeffern. Fleisch portionsweise auf Tellern anrichten, mit Sauce überziehen und Speckscheiben und Champignons darüberverteilen. Mit einem Stück Rosmarinzweig dekorieren.

Kalbsragout mit Wurzelgemüse

Dieses Ragout verwöhnt den Gaumen und Ihre Gäste. Machen Sie gleich ein bisschen mehr, denn am nächsten Tag schmeckt es noch besser.

1,2 kg Kalbfleisch (aus der Schulter)
1 Zwiebel
1 Knoblauchzehe
6 Zweige Thymian
1 Bund Petersilie
2 – 3 EL Butterschmalz
Salz
Pfeffer
1 EL Mehl
100 ml Weißwein (ersatzweise Kalbsfond)
400 ml Kalbsfond (aus dem Glas)
1 Lorbeerblatt
250 g Perlzwiebeln (ersatzweise kleine Schalotten)
1 ½ EL Butter
3 Möhren
2 Petersilienwurzeln
2 Pastinaken
12 kleine junge Kartoffeln (mit dünner Schale)
frisch geriebene Muskatnuss

Für 4 Personen
Zubereitung: 40 Min. | Garen: 2 Std.
Pro Portion ca. 660 kcal, 68 g E, 21 g F, 46 g KH

1 Das Kalbfleisch in ca. 5 cm große Würfel schneiden. Die Zwiebel und den Knoblauch schälen und fein würfeln. Den Thymian und die Petersilie abbrausen und trocken schütteln.

2 In einem Bräter 2 EL Butterschmalz schmelzen. Darin das Fleisch in zwei Portionen nacheinander rundherum nur leicht hellbraun anbraten, herausnehmen, salzen und pfeffern. Eventuell nach der ersten Portion noch etwas Butterschmalz in den Bräter geben und heiß werden lassen.

3 Im Bratsatz Zwiebel und Knoblauch goldgelb andünsten, Mehl darüberstäuben und unter Rühren kurz anschwitzen, dabei aber nur leicht bräunen. Mit der Hälfte des Weins ablöschen, die Flüssigkeit vollständig einkochen lassen. Danach übrigen Wein und den Fond aufgießen. Lorbeerblatt, Thymian, 5 Stängel Petersilie (wer will, kann daraus mit Küchengarn auch ein Kräutersträußchen binden, das man später einfach herausnehmen kann) und das Fleisch unterrühren, mit Salz und Pfeffer würzen. Kurz aufkochen lassen, dann bei kleiner Hitze zugedeckt ca. 1 Std. 15 Min. schmoren.

4 Perlzwiebeln mit heißem Wasser überbrühen und kurz ziehen lassen, abgießen und kalt abbrausen – so löst sich die Schale leichter –, dann die Zwiebeln schälen. Butter in einer kleinen beschichteten Pfanne schmelzen. Darin Perlzwiebeln rundherum goldbraun anbraten, vom Herd nehmen. Das Wurzelgemüse schälen, längs vierteln und in ca. 5 cm lange Stücke schneiden. Die Kartoffeln unter fließendem Wasser gründlich abbürsten und der Länge nach halbieren.

5 Gemüse, Kartoffeln und die Perlzwiebeln zum Fleisch geben und alles weitere ca. 45 Min. zugedeckt garen, bis das Fleisch schön weich ist und Gemüse und Kartoffeln gar sind. Mit Salz, Pfeffer und Muskat abschmecken. Übrige Petersilie grob hacken und das Ragout damit bestreuen.

Rindercurry mit Kartoffeln

4 Knoblauchzehen | 1 Bund Koriandergrün | 1 Stück frischer Ingwer (etwa 2 cm) | 3 Chilischoten | je 2 TL gemahlener Kreuzkümmel und Koriander | 1 TL gemahlene Kurkuma | Salz | 2 Zwiebeln | 700 g Rinderschulter oder -nacken | 2 EL Öl | 1 TL brauner Zucker | 400 ml Kokosmilch | 500 g festkochende Kartoffeln | ½ Bio-Limette

Für 4 Personen
Zubereitung: 40 Min. | Schmoren: 2 Std.
Pro Portion ca. 670 kcal, 40 g E, 47 g F, 23 g KH

1 Für die Currypaste Knoblauch schälen und grob hacken. Koriander abbrausen und trocken schütteln. Blätter abzupfen, ein paar für später beiseitelegen, den Rest hacken. Ingwer schälen und hacken. 2 Chilis waschen, entstielen und samt Kernen grob hacken. Alle diese Zutaten im Blitzhacker fein zerkleinern. Gewürze und Salz unterrühren.

2 Zwiebeln schälen und fein würfeln. Übrige Chilischote waschen, entstielen und in Ringe schneiden. Das Fleisch knapp 2 cm groß würfeln, dabei größere Fettstücke und Sehnen abschneiden.

3 Das Öl in einem Schmortopf erhitzen. Zwiebeln und Chiliringe darin andünsten. Zucker darüberstreuen und schmelzen lassen. Die Currypaste unterrühren und kurz andünsten, dann die Kokosmilch und 50 ml Wasser unterrühren. Fleisch dazugeben, Hitze auf schwache Stufe schalten und den Deckel auflegen. Das Fleisch in ca. 1 ½ Stunden richtig schön weich schmoren, dabei ab und zu umrühren.

4 Die Kartoffeln schälen, waschen und ebenfalls in knapp 2 cm große Stücke schneiden. Unter das Fleisch mischen und alles weitere 20 – 30 Minuten schmoren, bis die Kartoffeln auch weich sind. Dabei bei Bedarf noch etwas Wasser zugeben. Die Limette heiß waschen und die Schale fein abreiben. Das Rindercurry mit Salz abschmecken und vor dem Servieren mit der Limettenschale und dem übrigen Koriander bestreuen.

MEDITERRAN ANGEHAUCHT

Hähnchen-Tomatenragout mit Basilikum

400 g Hähnchenbrustfilet | 1 Zwiebel | 1 EL Kapern | 10 schwarze Oliven (entsteint) | 2 EL Öl | Salz | Pfeffer | 100 ml Weißwein | 1 Dose stückige Tomaten (400 g Füllmenge) | 1 Bund Basilikum | 1 Prise Zucker

Für 2 Personen
Zubereitung: 30 Min.
Pro Portion ca. 440 kcal, 46 g E, 18 g F, 11 g KH

1 Hähnchenbrustfilet waschen, trocken tupfen und in ca. 2 cm breite Streifen schneiden. Zwiebel schälen und fein würfeln. Kapern und Oliven fein hacken.

2 Öl in einer beschichteten Pfanne erhitzen, Fleisch in zwei Portionen bei starker Hitze unter Rühren ca. 5 Min. braten. Mit Salz und Pfeffer würzen, herausnehmen und beiseitestellen.

3 Zwiebeln in die noch heiße Pfanne geben und glasig dünsten. Mit Wein ablöschen. Tomaten, Oliven und Kapern dazu geben und ca. 10 Min. bei geringer Hitze köcheln lassen. Inzwischen Basilikum waschen, trocken tupfen, Blättchen abzupfen und klein schneiden.

4 Fleisch zu der Tomatenmischung geben und kurz darin erwärmen. Basilikum unterheben und das Ragout zum Schluss mit Zucker, Salz und Pfeffer abschmecken. Dazu passen Bandnudeln.

SCHÖN DEFTIG IM GESCHMACK

Wildschweinragout mit Gemüse

Wildschwein-Fan Obelix wäre absolut begeistert! Das Obst und das Gelee in der Sauce harmonisieren perfekt mit dem kräftigen Wildgeschmack.

800 g Wildschweineschulter oder -keule (ohne Knochen)
2 Zwiebeln
2 Möhren
1 Stange Lauch
1 Birne oder Apfel
50 g durchwachsener Räucherspeck
2 EL Butter
2 EL Öl
Salz
Pfeffer
1 TL Mehl
1 EL Tomatenmark
etwa 400 ml trockener Rotwein
1 EL Johannisbeer- oder Apfelgelee (auch sehr fein: eingekochte Preiselbeeren)
2 Lorbeerblätter
1 TL Wacholderbeeren
50 g Crème fraîche

Für 4 Personen
Zubereitung: 45 Min. | Schmoren: 2 Std.
Pro Portion ca. 725 kcal, 33 g E, 52 g F, 10 g KH

1 Das Fleisch in 3 – 4 cm große Würfel schneiden, dabei größere Fettstücke und sichtbare Sehnen entfernen. Zwiebeln und Möhren schälen und fein würfeln. Vom Lauch Wurzelbüschel und welke grüne Teile abschneiden. Lauch der Länge nach aufschneiden und gründlich waschen, dann in feine Streifen schneiden. Birne oder Apfel vierteln, schälen, entkernen und in Scheiben schneiden. Den Speck von der Schwarte befreien und möglichst klein würfeln.

2 Butter und Öl in einem Schmortopf heiß werden lassen. Fleischwürfel darin in drei bis vier Portionen bei starker Hitze gut anbraten, salzen, pfeffern und mit dem Schaumlöffel wieder aus dem Topf heben. Dann den Speck mit Gemüse und Birne oder Apfel in den Topf füllen und im Bratfett gut andünsten. Mehl darüberstreuen und kurz mitbraten, Tomatenmark unterrühren und leicht braten. Mit dem Rotwein ablöschen, mit Salz, Pfeffer und Gelee abschmecken.

3 Lorbeerblätter und Wacholderbeeren einrühren. Fleisch wieder untermischen, Deckel auflegen und die Hitze auf kleinste Stufe schalten. Das Wildschweinragout ca. 2 Stunden sanft schmurgeln. In der Zeit muss man nicht viel machen, einfach nur ab und zu mal nachschauen, ob genug Flüssigkeit im Topf ist. Wenn sie knapp wird, einfach mehr Wein (oder auch Brühe oder Wasser) nachgießen.

4 Dann die Crème fraîche unter das Ragout rühren und mit Salz und Pfeffer abschmecken. In einer vorgewärmten Schüssel auf den Tisch stellen. Dazu Kartoffeln, Polenta, Spätzle oder Nudeln servieren.

VARIANTE: REHRAGOUT

Statt dem Wildschweinfleisch einmal Rehkeule oder -schulter (ohne Knochen) würfeln. Birne oder Apfel und Speck weglassen, dafür doppelt so viel Wacholderbeeren nehmen. Der Rest bleibt gleich, die Garzeit auch.

TIPP

Vor allem Freunde der französischen Küche mögen passierte Saucen gerne. Dafür die Fleischstücke aus dem Ragout fischen und in die warme Schüssel legen. Die Sauce durch ein Sieb in einen Topf gießen, Gemüse gut ausdrücken. Sauce mit der Crème fraîche mischen, aufkochen und abschmecken. Übers Fleisch gießen.

BESONDERS ZART UND SAFTIG

Schweinebäckchen in Sellerie-Portwein-Sauce

Die gepökelten Schweinebäckchen bringen viel Würze in das Gericht und begeistern mit ihrem feinen Eigengeschmack. Einfach nur lecker!

6 gepökelte Schweinebäckchen (beim Metzger vorbestellen)
6 Pimentkörner
6 schwarze Pfefferkörner
2 Lorbeerblätter
1 Sellerieknolle (ca. 500 g)
1 Bund Schnittlauch
1 kleine Stange Lauch
Pfeffer
2 EL Sauerrahmbutter
1 EL weißer Portwein
12 gelbe Staudenselleriebläitter

Für 4 Personen
Zubereitung: 30 Min. | Garen: 1 Std.
Pro Portion 1040 kcal, 32 g EW, 105 g F, 4 g KH

1 2 l kaltes Wasser in einen Topf füllen, die Schweinebacken einlegen, bei mittlerer Hitze aufkochen und in 60–70 Min. garen. Dabei entstehende Trübstoffe mit einem Schaumlöffel entfernen. Nach ca. 45 Min. Piment, Pfeffer und 1 Lorbeerblatt zufügen. Die Bäckchen sind gar, sobald man sie leicht mit einer Nadel einstechen kann. Vom Herd ziehen und beiseitestellen.

2 Inzwischen die Sellerieknolle waschen, bürsten und sauber schälen. Auf einem Gemüsehobel in ca. 3 mm feine Scheiben schneiden. Den Schnittlauch waschen, trocken schütteln und in feine Röllchen schneiden. Den Lauch putzen, halbieren, waschen und in 5 mm feine Halbringe schneiden.

3 In einer Pfanne (ø 30 cm) die Selleriescheiben kreisförmig auslegen, ca. 150 ml der beiseitegestellten Brühe angießen, das zweite Lorbeerblatt zugeben und mit Pfeffer würzen. Lauch einlegen, aufkochen, abdecken und bei mittlerer Hitze in 8–10 Min. weich dünsten. Die kalte Butter in den Sud rühren und den Portwein dazugeben. Die Selleriescheiben aus der Pfanne nehmen und portionsweise auf Tellern auslegen.

4 Die Schweinebäckchen aus der Brühe heben und längs mit einem Messer halbieren. Je 3 Hälften auf dem Sellerie anrichten. Mit Portweinsauce übergießen, Schnittlauch bestreuen und den Sellerieblättern verzieren. Mit Pfeffer abschmecken.

INFO

Die Schweinebacke hat einen delikaten Eigengeschmack. Da sie aus reinem Muskelfleisch besteht, ist sie besonders zart und saftig. Sie eignet sich deshalb sehr gut für Schmorgerichte und Confits.

MIT ROT-WEIN UND PREISEL-BEEREN

Hirschgulasch mit Möhren

200 g Möhren | 80 g Knollensellerie | 1 Zwiebel | 500 g Hirschgulasch | 3 EL Öl | Salz | Pfeffer | 1 EL Tomatenmark | 200 ml trockener Rotwein | 200 ml Wildfond (aus dem Glas) oder Fleischbrühe | 1 TL getrockneter Thymian | 1 Lorbeerblatt | 1-2 TL Mehl | 1 TL Preiselbeerkonfitüre (aus dem Glas)

Für 2 Personen
Zubereitung: 25 Min. | Schmoren: 1 Std. 15 Min.
Pro Portion ca. 600 kcal, 59 g E, 26 g F, 15 g KH

1 Möhren und Sellerie putzen, waschen, schälen und in kleine Würfel schneiden. Zwiebel schälen und fein würfeln. Das Hirschgulasch, falls nötig, noch etwas kleiner schneiden.

2 Öl in einem weiten Topf erhitzen und das Fleisch darin bei starker Hitze in zwei Portionen anbraten. Mit Salz und Pfeffer würzen, dann herausnehmen. Gemüse- und Zwiebelwürfel im heißen Bratöl anbraten. Tomatenmark einrühren und anschwitzen. Mit Salz und Pfeffer würzen. Fleisch wieder zugeben. Rotwein und Fond oder Brühe zugießen. Thymian und Lorbeerblatt zugeben, aufkochen, bei mittlerer Hitze ca. 1 Std. 15 Min. geschlossen schmoren lassen.

3 Mehl und 2 EL kaltes Wasser verrühren, in das Gulasch rühren und ca. 5 Min. offen köcheln lassen. Mit Preiselbeeren, Salz und Pfeffer abschmecken. Dazu schmecken Vollkorn-Kräuterknödel.

KOMMT AUS GRIECHENLAND

Kalbfleischtopf mit Schalotten

700 g Kalbsschulter, -nacken oder -keule | 50 ml Anisschnaps (z. B. Ouzo, Pastis oder Sambuca; ersatzweise Brühe, etwas Zitronensaft und ½ TL gemahlener Anis) | 500 g Schalotten oder kleine Zwiebeln | 4 Knoblauchzehen | ½ Bio-Zitrone | ¼ Bund Thymian | 2 Lorbeerblätter | 250 g Tomaten | 4 EL Olivenöl | 1 Zimtstange | 2 Nelken | 250 ml trockener Weißwein (ersatzweise Gemüse- oder Fleischbrühe) | 1 TL Tomatenmark | ½ TL Honig | Salz | Pfeffer

Für 4 Personen
Zubereitung: 50 Min. | Schmoren: 1 Std. 30 Min.
Pro Portion ca. 440 kcal, 33 g E, 13 g F, 9 g KH

1 Das Kalbfleisch in 3 – 4 cm große Würfel schneiden, größere Fettstücke und dicke Sehnen dabei abschneiden. Die Fleischwürfel mit dem Anisschnaps mischen. Die Schalotten oder Zwiebeln schälen und ganz lassen, den Knoblauch schälen und in dickere Scheiben schneiden. Zitrone heiß waschen und ein Stück Schale dünn abschneiden. Thymian abbrausen und trocken schütteln, die Blättchen von den Zweigen streifen (gegen die Richtung, in die sie wachsen, geht das ganz leicht). Lorbeerblätter grob schneiden. Aus den Tomaten Stielansätze herausschneiden. Die Tomaten in eine Schüssel legen und mit kochend heißem Wasser überbrühen, abschrecken und die Haut abziehen. Die Tomaten würfeln.

2 In einem Schmortopf 3 EL Öl erhitzen. Auf mittlere Stufe schalten, das Fleisch in drei Portionen rundherum anbraten und wieder aus dem Topf nehmen. Schalotten oder Zwiebeln, Knoblauch, Thymian und Lorbeerblätter im übrigen Öl anbraten. Die Zimtstange einmal durchbrechen und mit den Nelken dazugeben.

3 Fleisch wieder dazugeben, Tomaten und Wein mit Zitronenschale und dem Tomatenmark unterrühren. Mit Honig, Salz und Pfeffer würzen und zugedeckt bei schwacher Hitze ca. 1 ½ Stunden schmoren, bis das Fleisch schön weich ist. Abschmecken und mit griechischem Fladenbrot oder Ofenkartoffeln essen.

AUS DER ITALIENISCHEN KÜCHE

Ossobuco mit Bärlauch-Gremolata

Das italienische Gericht Ossobuco bedeutet wörtlich „Knochen mit Loch". Traditionell wird es mit einer Würzmischung serviert, der Gremolata.

Für das Ossobuco:
2 Möhren
1 Zwiebel
4 Knoblauchzehen
3 Stangen Staudensellerie
800 g aromatische Tomaten
4 dicke Beinscheiben vom Kalb (je ca. 250 g)
Salz
2 – 3 EL Olivenöl
250 ml Weißwein
2 EL kalte Butter
Pfeffer
Für die Gremolata:
1 Scheibe altbackenes Weißbrot
1 – 2 EL Olivenöl
1 Bio-Zitrone
½ Bund Petersilie
30 g junger Bärlauch (oder 1 junge Knoblauchzehe)

Für 4 Personen
Zubereitung: 45 Min. | Garen: 1 Std.
Pro Portion ca. 365 kcal, 32 g E, 16 g F, 14 g KH

1 Für das Ossobuco Möhren, Zwiebel und Knoblauch schälen und in feine Würfel schneiden. Sellerie putzen und waschen, längs halbieren und in Scheiben schneiden. Tomaten waschen und in Würfel schneiden, dabei die Stielansätze entfernen.

2 Die Beinscheiben waschen, trocken tupfen und salzen. In einem schweren Schmortopf 2 EL Olivenöl erhitzen und die Beinscheiben darin bei großer Hitze auf beiden Seiten goldbraun anbraten. Das Fleisch aus dem Topf nehmen und Möhren, Zwiebeln und Knoblauch darin 3 – 4 Min. leicht anbraten, dabei – falls nötig – noch etwas Olivenöl hinzufügen. Die Beinscheiben zum Gemüse geben und mit der Hälfte des Weins ablöschen. Die Flüssigkeit einkochen lassen und den Vorgang wiederholen. Die Tomaten und 750 ml Wasser dazugeben. Die Beinscheiben bei kleiner Hitze zugedeckt ca. 1 Std. schmoren.

3 Für die Gremolata das Brot im Blitzhacker zerbröseln. In einer Pfanne das Olivenöl erhitzen und die Brotbrösel darin goldbraun rösten. Die Brösel aus der Pfanne nehmen. Die Zitrone heiß waschen, abtrocknen und die Schale abreiben. Die Petersilie und den Bärlauch abbrausen und trocken schütteln. Die Petersilienblätter abzupfen und mit dem Bärlauch fein hacken. Die Brotbrösel mit Zitronenschale und Kräutern mischen.

4 Die Beinscheiben aus der Sauce heben. Die Butter in kleinen Stücken in die Sauce rühren, mit Salz und Pfeffer abschmecken. Das Ossobuco mit der Sauce anrichten und mit der Gremolata bestreuen. Dazu passen gestampfte Salzkartoffeln (aus einer mehligkochenden Kartoffelsorte).

EDLER FESTTAGS-SCHMAUS

Weißweinkaninchen mit Kapern und Oliven

Kaninchenfleisch kommt nicht oft auf den Tisch. Deshalb ist dieses Gericht ein ganz besonderer Festtagsschmaus, der mit viel Geschmack überzeugt.

1 großes Kaninchen (ohne die Innereien, Kaninchen vom Metzger in 8 – 10 Teile zerlegen lassen)
Salz
Pfeffer
1 kleine Möhre
2 Stangen Staudensellerie
1 Zwiebel
1 Knoblauchzehe
1 großer Zweig Rosmarin
5 Zweige Thymian
5 EL Olivenöl
300 ml trockener Weißwein
1 Lorbeerblatt
100 ml Gemüse- oder Hühnerbrühe (bei Bedarf)
8 Stängel Petersilie
15 grüne Oliven (ohne Stein)
1 EL Kapern

Für 4 Personen
Zubereitung: 35 Min.| Garen: 1 Std. 30 Min.
Pro Portion ca. 580 kcal, 54 g E, 33 g F, 3 g KH

1 Die Kaninchenteile waschen, gut trocken tupfen und rundherum salzen und pfeffern. Die Möhre schälen, den Staudensellerie waschen und putzen, dann beides möglichst winzig klein würfeln oder hacken. Die Zwiebel und den Knoblauch schälen und ebenfalls winzig würfeln. Rosmarin und Thymian waschen und trocken schütteln, den Rosmarinzweig in kleine Zweigchen zerteilen.

2 In einem Bräter 3 EL Olivenöl erhitzen. Darin die Kaninchenteile rundherum bei mittlerer Hitze so anbraten, dass sie nur ganz leicht bräunen, dann herausnehmen. Restliches Öl in den Bräter geben und heiß werden lassen. Zwiebel, Knoblauch, klein geschnittenes Gemüse, Rosmarin- und Thymianzweige zugeben und bei mittlerer Hitze andünsten. Mit 1 guten Schuss Wein ablöschen, den Wein einkochen lassen. Dann übrigen Wein mit dem Lorbeerblatt in den Bräter geben und die Kaninchenteile darin verteilen. Zugedeckt ca. 1 Std. 15 Min. bei geringer Hitze schmoren lassen. Dabei ab und an das Fleisch wenden; sollte die Sauce zu sehr einkochen, ganz wenig Brühe dazugießen.

3 Petersilie waschen, trocken schütteln und mit den Stängeln fein hacken. Die Oliven und die Kapern klein schneiden, die Hälfte davon fein hacken. Alles unter Fleisch und Sauce rühren und weitere 10 Min. garen. Zuletzt die Hitze etwas erhöhen und die Sauce ca. 5 Min. leicht einkochen lassen. Mit Salz und Pfeffer abschmecken und im Topf mit Weißbrot servieren.

SCHON MAL PROBIERT – KAPERNÄPFEL?

Nicht nur optisch verleihen Kapernäpfel diesem Gericht den letzten Kick. Die Früchte des Kapernbusches sind größer und milder als die kleinen Blütenknospen, die man normalerweise kennt. Wer den herb-säuerlichen Kaperngeschmack mag, gibt noch 5 – 8 Kapernäpfel zusammen mit den anderen Kapern zum Kaninchen.

UNGARISCHES TRADITIONSREZEPT

Szegediner Gulasch

Ein Klassiker unter den Gulasch-Rezepten. Mit viel vitaminreichem Sauerkraut und kräftigen Gewürzen ideal für die kalte Jahreszeit.

600 g nicht zu fette Rinder- oder Schweinebrust oder -schulter (eine Mischung aus Rind und Schwein ist auch ziemlich fein)
400 g Zwiebeln
2 Knoblauchzehen
1 mehlig kochende Kartoffel (ca. 100 g)
2 Zweige Thymian
2 EL Butterschmalz
500 g rohes Sauerkraut
ca 375 ml Gemüse- oder Fleischbrühe
2 TL Tomatenmark
2 TL edelsüßes Paprikapulver
½ TL rosenscharfes Paprikapulver
1 TL Kümmelsamen
Salz
Pfeffer
100 g saure Sahne

Für 4 Personen
Zubereitung: 35 Min. | Schmoren: 1 Std. 30 Min.
Pro Portion ca. 420 kcal, 27 g E, 29 g F, 10 g KH

1 Das Fleisch in knapp 2 cm große Würfel schneiden, dabei alle größeren Fettstücke und die Sehnen abschneiden. Zwiebeln und Knoblauch schälen und fein würfeln. Die Kartoffel schälen, waschen und auf der Rohkostreibe raspeln. Thymian abbrausen und trocken schütteln, die Blättchen abstreifen.

2 Das Butterschmalz im Schmortopf zerlaufen und heiß werden lassen. Fleisch darin in zwei Portionen rundherum bei starker Hitze anbraten und wieder herausheben. Die Hitze auf kleine Stufe stellen. Zwiebeln, Knoblauch und Kartoffel mit dem Thymian in das Bratfett rühren und kurz andünsten. Fleisch wieder zugeben.

3 Das Sauerkraut mit zwei Gabeln auseinanderlösen und dazugeben. Die Brühe angießen, alles mit Tomatenmark, beiden Paprikapulvern und dem Kümmel würzen, salzen und pfeffern. Den Deckel auflegen und das Gulasch ca. 1 ½ Stunden schmoren lassen, bis das Fleisch schön weich ist. Dabei ab und zu mal durchrühren und bei Bedarf mehr Brühe angießen.

4 Zum Schluss saure Sahne unterrühren und das Gulasch mit Salz und Pfeffer abschmecken. Vielleicht kann es auch noch ein bisschen Paprikapulver vertragen. Dazu gibt's Kartoffelpüree, Salzkartoffeln oder Spätzle.

PASSENDER BEGLEITER

In Tschechien werden traditionell zum Szegediner Gulasch böhmische Knödel serviert. Ein Grundrezept für diese geht wie folgt: 250 g Mehl in eine Schüssel sieben und in die Mitte eine Mulde drücken. 100 ml erwärmte Milch in die Mulde gießen und anschließend 10 g frische Hefe hineinbröckeln. Milch, Hefe und ½ TL Zucker in der Mulde verrühren. Vorteig an einem warmen Ort ca. 15 Min. ruhen lassen. 1 TL Salz und 1 Ei zum Teig geben und alles gut miteinander verkneten bis der Teig geschmeidig und glänzend ist. Zu einer Rolle formen und noch einmal ca. 1 Std. gehen lassen. Salzwasser zum Kochen bringen und Teigrolle zugedeckt ca. 12 Min. köcheln lassen. Rolle wenden und weitere 12 Min. köcheln. Rolle mit einem Schaumlöffel herausheben und in Scheiben schneiden.

MACHT WAS HER

Lamm-Bohnen-Eintopf mit Nusspesto

Was für ein Eintopf! Besonders das originelle Nusspesto verleiht diesem Gericht eine ausgefallene Note. Lamm-Fans werden begeistert sein!

Für den Eintopf:
250 g getrocknete, kleine weiße Bohnen
2 Knoblauchzehen | 2 Zwiebeln
6 Zweige Thymian
100 g durchwachsener Räucherspeck
2 Lorbeerblätter
Salz | Pfeffer
500 g Lammfleisch (aus der Schulter)
2 große, dicke Möhren
1 Stück Knollensellerie (ca. 100 g)
1 EL Tomatenmark
125 ml Weißwein (ersatzweise Lammfond)
400 ml Lammfond (aus dem Glas)
400 g festkochende Kartoffeln
Olivenöl zum Braten
Für das Pesto:
3 EL gemahlene Haselnüsse
6 Stängel Petersilie
½ Bio-Zitrone
8 EL Olivenöl
Salz | Pfeffer

Für 4 Personen
Zubereitung: 1 Std. 15 Min. | Einweichen: 12 Std.
Pro Portion ca. 485 kcal, 32 g E, 27 g F, 22 g KH

1 Für den Eintopf Bohnen in kaltem Wasser ca. 12 Std. – am besten über Nacht – einweichen. Am nächsten Tag Knoblauch und Zwiebeln schälen. 1 Knoblauchzehe halbieren, Zwiebeln fein würfeln. Thymian abbrausen. Bohnen in ein Sieb gießen, mit ca. 1,5 l frischem Wasser in einem Topf aufkochen. Halbierte Knoblauchzehe, ein Drittel der Zwiebeln, Speck, 1 Lorbeerblatt und 2 Thymianzweige dazugeben und bei mittlerer Hitze ca. 1 Std. 15 Min. zugedeckt kochen lassen, bis die Bohnen gar sind, kurz vor Garzeitende salzen und pfeffern.

2 Inzwischen von dem Lammfleisch Fett und Sehnen wegschneiden und Fleisch 3 cm groß würfeln. Möhren und Sellerie schälen und in 1 cm große Würfel schneiden. Übrige Knoblauchzehe in feine Würfel schneiden.

3 So viel Öl in einem Topf erhitzen, dass der Boden knapp bedeckt ist. Darin Fleisch rundherum bei großer Hitze anbraten, salzen und pfeffern, herausnehmen. Im Bratensatz übrige Zwiebeln und Knoblauch goldgelb anbraten. Gemüsewürfel dazugeben und unter Rühren 2 – 3 Min. mitbraten. Tomatenmark unterrühren und mitrösten. Mit etwas Wein ablöschen und einkochen lassen, dann restlichen Wein und Fond dazugießen, übriges Lorbeerblatt, restliche Thymianzweige und Fleisch unterrühren, salzen, pfeffern und ca. 1 Std. bei kleiner Hitze zugedeckt köcheln lassen.

4 Inzwischen Kartoffeln waschen, schälen und in 2 – 3 cm große Würfel schneiden. Bohnen in ein Sieb gießen, dabei Kochwasser auffangen. Speck, Thymian und Lorbeerblatt herausnehmen und wegwerfen. Bohnen, Kartoffeln und 450 ml Bohnenkochwasser zum Lammfleisch geben und zugedeckt weitere 30 – 45 Min. garen.

5 Währenddessen für das Pesto Nüsse in einer Pfanne ohne Fett unter Rühren rösten, bis sie duften, herausnehmen, abkühlen lassen. Petersilie abbrausen, trocken schütteln und grob schneiden. Zitrone heiß waschen und abtrocknen, Schale fein abreiben, Saft auspressen. Zitronenschale, Nüsse, Petersilie, Öl und 2 – 3 EL Wasser mit einem Pürierstab fein zerkleinern. Mit Salz, Pfeffer und Zitronensaft abschmecken. Eintopf in tiefen Tellern verteilen, Pesto darüberträufeln.

SAFTIG UND AROMATISCH

Gockelkeulen auf Schmorgemüse

Saftige Hühnerkeulen mit knuspriger Haut und dazu fein würziges Schmorgemüse. Ein echtes Feel-good-Gericht eben. Was will man mehr?

Für die Sauce:
4 große Gockelkeulen
Salz | Pfeffer
1 EL Rosenpaprikapulver
2 EL Olivenöl zum Einreiben
1 EL Butter
Für das Schmorgemüse:
1 Zwiebel
4 große Schalotten
2 Staudensellerie
4 geschälte Tomaten aus dem Glas
500 ml trockener Weißwein (am besten Riesling Spätlese)
250 ml brauner Geflügelfond
1 Knoblauchzehe mit Schale
4 frische Lorbeerblätter
1 Kartoffel, nach Bedarf

Für 4 Personen
Zubereitung: 1 Std. 30 Min. | Garen: 1 Std.
Pro Portion ca. 360 kcal, 30 g E, 24 g F, 5 g KH

1 Die Gockelkeulen kalt abwaschen und trocken tupfen. Mit Salz, Pfeffer und Paprikapulver würzen, dann gleichmäßig mit etwas Olivenöl einreiben.

2 Die Zwiebel schälen und in fein würfeln. Die Schalotten schälen. Den Staudensellerie mit dem Sparschäler dünn schälen, waschen und halbieren, dann auf ca. 20 cm Länge abschneiden.

3 In einem Bräter die Butter schmelzen und die Gockelkeulen auf der Hautseite hellbraun anbraten, wenden und ebenfalls hellbraun anbraten. Dann herausnehmen und beiseitestellen. Den Backofen auf 180° vorheizen.

4 Die Zwiebelwürfel im Bräter anbraten. Staudensellerie, ganze Schalotten und Tomaten einlegen. Weißwein und Geflügelfond angießen. Knoblauch und Lorbeerblätter dazugeben und alles aufkochen lassen, bei geringer Hitze köcheln lassen. Die angebratenen Gockelkeulen mit der Hautseite nach unten einlegen, sodass sie ca. zur Hälfte mit Flüssigkeit bedeckt sind.

5 Im Backofen offen ca. 20 Min. schmoren, umdrehen und mit der Hautseite nach oben weitere 35 – 40 Min. weich garen. Alle 10 Min. mit dem Bratenfond übergießen. Die gegarten Keulen herausnehmen und warm stellen.

6 Den Bräter auf die Herdplatte stellen und die Sauce leicht köcheln lassen. Sämtliches Gemüse herausnehmen und warm stellen. Den Fond entfetten und mit Salz abschmecken. Dann etwas einkochen und nach Belieben mit 1 EL fein geriebener, roher Kartoffel binden.

7 Die Hähnchenkeulen auf einer Platte mit dem Gemüse, Lorbeerblättern und der Sauce servieren.

INFO

Als Schmorgericht eignen sich die Keulen natürlich am besten, da guter Geschmack und auch Saftigkeit gewährleistet sind.

Register

IMPRESSUM

König & Berg ist ein Imprint der GRÄFE UND UNZER VERLAG GmbH

AUTOREN
Tanja Dusy, Hans Gerlach, Reinhardt Hess, Angelika Ilies, Ira König, Margit Proebst, Dagmar Reichel, Cornelia Schinharl, Marco Seifried, Thomas Thielemann

BILDNACHWEIS
Barbara Bonisolli: 9, 33, 55, 82, 83, 86, 98, 100, 102, 103, 107, 115, 118, 119, 124, 127, 131, 137; Michael Brauner: 17, 18, 32, 94; Food Art Factory/ Einwanger: 12, 15, 23, 28, 35, 36, 47, 53, 56, 61, 66, 69, 72, 77, 78, 82, 87, 90, 92, 95, 105, 111, 112, 114, 117, 121, 122, 129, 135, 139, 141; Julia Hoersch: 21, 25, 44, 49; 62, 71, 133; Coco Lang: 2; Jana Liebenstein: 7, 13, 27, 81, 85, 91, 97, 106; Jörn Rynio: 4, 39, 40, 50, 58, 59, 65, 75; Wolfgang Schardt: 8, 11, 29, 43, 89, 99, 125, 130; Thorsten Suedfels: 19, 31, 34; Westermann Studios: 108

Umschlag: Barbara Bonisolli (Klappe hinten, hinten oben Mitte, hinten unten rechts), Klaus-Maria Einwanger (vorne oben links, vorne oben rechts, vorne unten rechts, hinten oben rechts), Jana Liebenstein (vorne unten links, hinten oben links, hinten unten links), Wolfgang Schardt (vorne oben Mitte)

GESAMTPRODUKTION DER DEUTSCHEN AUSGABE
h3a GmbH, München

UMSCHLAG UND INNENLAYOUT
Zero Werbeagentur, München

REPRODUKTION
Repro Ludwig, Zell am See

DRUCK UND BINDUNG
Polygraf Print, Prešov

ISBN: 978-3-8338-5779-9
1. Auflage 2016